デジタルイノベーション
シティ化への挑戦

地方創生

株式会社ストラテジーテック・コンサルティング
代表取締役社長

三浦大地

CROSSMEDIA PUBLISHING

はじめに

地方創生とは、2014年に安倍政権が掲げた都心への一極集中を回避するための国を挙げての取り組みです。都心へ人が一極集中するということは、地方の人口や労働人口が減り、自治体の税収が減ることを意味します。挙句の果てには、自治体も企業も何か取り組みを行う上で、悪循環に陥ってしまうことが最大の課題です。

地方創生とは読んで字のごとく、地方の活性化や地方を再生する取り組みのことです。私が取り組む青森県弘前市の「デジタルイノベーションシティ化構想」の本質とは、雇用の創出を実現させるための取り組みであり、また雇用の創出こそが地方創生における最大のテーマだと考えています。雇用の創出を起点とすることで、若者の都心への流出を防ぎ、若者が未来を支える産業を生み出し、税収を上げることが可能となります。

そして、雇用の創出を行うためには「①都心並みの所得を実現すること」「②将来性のある産業へ取り組むこと」「③都心の持つ暮らしやすさや利便性を実現すること」が必要不可欠。また、関係人口※を増やすことや、Uターンならびに I ターン者を呼び込むことでも相乗効果が期待できます。

※関係人口：移住した「定住人口」でもなく、観光に来た「交流人口」でもない、地域と多様に関わる人々を指す言葉。

暮らす環境を考えるきっかけとなるのは、ライフイベントにおける「個々人の生活への判断」にあると私は捉えています。ライフイベントとは、出産に始まり、子育て、受験、就職、結婚などの人生の一連のイベントのことを言います。それぞれのイベントにおいて、個々人が地元や地方、都心から、自分にとって生活するのに最適である場所を「選ぶ判断」をするわけです。

本書では、私が地元・青森県弘前市で取り組むデジタルイノベーションシティ化構想や、他県の自治体や政治家の方々とのやり取り、そして、何よりも18歳で地元から都心へ出ることに決めた自身の体験などから、私の目指している地方創生のあり方についてお話しします。都心だけではない生き方やこれから生きていく場所について考えている方、地方創生に関心をお持ちの方、すでに地方創生へ取り組んでいる方、地元愛に溢れより良い地元のあり方を考えている方などへ、少しでも本書がお役に立てることを願ってやみません。

株式会社ストラテジーテック・コンサルティング
代表取締役社長　三浦　大地

装丁　三重野愛梨
本文デザイン　荒好見
DTP　株式会社RUHIA
校正　加藤義廣
執筆協力　株式会社おとどけ 小幡渉

目次

第6章 共に青森、東北の地方創生に取り組む方たちの声

地方創生の現在地

1

地方創生とは何か？

消滅可能性都市の増大

「地方創生とは、少子高齢化の進展に的確に対応し、人口の減少に歯止めをかけるとともに、首都圏への人口の過度の集中を是正し、それぞれの地域で住みよい環境を確保して、将来にわたって活力ある日本社会を維持していくことを目指すものです。」（財務局ＨＰより）

２００８年を境に、人口減少社会に突入した日本。その主たる原因は急速に進む少子化と高齢化にあるとされていますが、特に地方はそれらに加え都市部への人口流出という課題も抱え、全国の約半数の自治体が「消滅可能性都市」に該当するという調査結果も発表されるなど、深刻な状況に陥っています。そんな地域の姿、日本の未来を変えるために始まった「地方創生」とは、どのような取り組みなのでしょうか？

「地方創生」とは、各地域がそれぞれの特徴を活かして自律的で持続可能な社会を創ること。及び、そのために行われる施策のことを言います。2014年に第二次安倍内閣が日本全体の活力向上を目指す看板政策として「地方創生」を掲げ、政策全体の指揮を執る「まち・ひと・しごと創生本部」を創設しました。同年12月には、目指すべき日本の将来像を提示した「まち・ひと・しごと創生『長期ビジョン』」と、2015年度から2019年度までの目標や施策の方向性、具体的な施策などをまとめた「第1期まち・ひと・しごと創生総合戦略」を策定し、本格的な取り組みが始まりました。

地方創生に注目が集まる2つの課題

なぜ、今「地方創生」が注目を集めているのでしょうか？　その理由を探ると「地方創生」への取り組みは日本が抱える２つの重要課題に通じていることが分かります。

課題の1つ目は「人口減少社会の到来」です。

日本の総人口は２００８年の１億２８０８万人をピークに減少傾向に転じ、２０２１年３月１日時点では１億２５４８万人。このままのペースで進むと、２０５０年には１億人を下回ることが予測されています。

さらに超少子高齢化という社会問題を抱える日本の場合、単に人口が減っていくのではなく人口全体に占める生産年齢人口（15歳以上65歳未満の人口）の割合が減り、高齢者が占める割合が増えていきます。少子高齢化社会における人口減少が私たちの暮らしに与える影響として、次の4点が挙げられます。

①経済規模の縮小、国力の減退

一国の経済活動とその規模は労働人口（15歳以上人口のうち、就業者と完全失業者を合わせた人口）に左右されますが、総務省統計局の調査によると、日本の労働人口は2020年の平均で6868万人と前年の調査に比べ18万人減少しました。労働人口の減少が最も直接的に影響するのは人手不足ですが、あらゆる産業、事業で慢性的に労働力が不足し、それらを補えなければ次第に市場や事業規模の縮小を余儀なくされ、結果的にはGDP（国内総生産）の縮小、国力の減退にも繋がります。

②国際競争力の低下

国内の経済規模が縮小すれば、各企業、事業者がグローバル市場で戦えるだけの基盤や体力を作ることも難しくなります。海外投資家から見た投資先としての魅力も低下し、新しい人材も資金も獲得しにくくなり、その結果、イノベーションも起こりにくくなれば、新興国が日々台頭する国際市場での競争力低下は避けられません。

③社会保障制度、財政の破綻

高齢者の増加により医療・介護費が増大する一方で、それを支える現役世代が減少すれば現行の社会保障制度は維持できなくなります。既に現行制度は見直しを迫られていますが、需要過多の現状を和らげる供給力向上の道筋も見えない中で、将来世代に負担を強いることで維持し続けてきたのが現状です。

④地域社会が存続できなくなる

少子高齢化と人口減少は首都圏よりも特に地方で顕著にみられ、全国1799自治体のうち896自治体が「消滅可能性都市」に該当するという調査結果が発表されています。消滅可能性都市とは、日本創成会議が2014年に定義した「2010年から2040年にかけて、20～39歳の若年女性人口が5割以下に減少する市区町村」のことで、地域社会、経済、財政を担う新しい世代が育たず維持困難となり、無居住地化せざるを得なくなる可能性が高い地域のこと。日本は既に全国の自治体の半数が「消滅可能性都市」に該当する、危機的状況に陥っているのです。

日本が抱える課題の2つ目は「東京一極集中」です。

日本の総人口のほぼ3割に当たる約3600万人が暮らす東京圏は、人や企業、都市機能が集中することにより、生産性が高まる、イノベーションが生まれやすくなるなどメリットがある一方で、デメリットも懸念されます。

デメリットの1つ目は、災害時のリスクが高まること。

首都直下地震や南海トラフ地震発生の可能性が指摘されていますが、もし東京圏に人が集中する現状を変えられなければ、それら大規模広域災害発生時の甚大な人的、物的被害は避けられません。

救助や救急、医療体制が限られている中で医療機関も急激な需要過多には対応しきれず、負傷者数、死者数共に想定以上になる可能性もあります。さらに日本の場合は、政治、経済、行政の中枢機能も東京に集中しており、それらが麻痺することによる社会混乱は想像に難しくありません。

新型コロナウイルス感染症の拡大時では実際に、人流も経済活動も活発な東京をはじめとする都市圏に感染者数、重傷者数が集中し、必要な方の元に医療の手が届かないなどの問題が生じました。

デメリットの2つ目は、地方の活力が失われること。

東京圏が過密状態にある一方で、地方の転出超過、限界集落化、過疎化、超高齢化が全国に広がっています。東京と地方の差は社会、経済の大きなひずみを生み、修復困難なものになりつつあります。

これらデメリットを解決する意味でも、地方創生は大きな意味をもたらします。官民一丸となって「地方創生」に取り組み、地方に新しい仕事を創り住環境を向上させます。そして都市部からの地方移住や関係人口を創出することで、新しい人の流れを生み出し「人口減少」と「東京一極集中」という社会課題を改善させるのです。

そうして地方創生が形になることで、日本における負の連鎖を食い止められるでしょう。「地方創生」は、新しくより豊かな日本の未来像を描くための取り組みとして、そして日本国民一人ひとりが当事者意識をもって取り組むべき課題として、注目すべき政策なのです。

地方の人にとっての地方創生

「私は、地方創生のため、〇〇の行動をしています！」

このように、インターネットや書籍で地方創生の情報を探すと、地方創生に取り組み、活躍されている方々の情報が数多く見つかります。紹介されている情報はどれも華々しく勇気が湧いてくるものばかりです。

一方で、地方に住んでいる方に質問をさせてください。あなたの地方（身の回り）で、そういった人の声を直接聞いたことはありますか？　もしくは地方創生に取り組んでいる方を知っていますか？　大半の人は地方創生に取り組んでいる方を知らないもしくは人自体は知っていても活動の内容まではご存知ないのではないでしょうか？　これは責められることでも、恥ずかしいことでもありません。

おそらく地方に住む大多数の人が同じ状況ではないかと思います。そういう私も、これまで地方創生に取り組んでいる方に出会ったり、お話を伺ったりする機会はありませんでした。

近年、「地方創生」という言葉が、老若男女問わず誰でも知っている言葉として定着してきたかと思います。これまで自治体や企業、個人が様々な地方創生に関する取り組みを地方で行ってきました。一部の取り組みはニュースや書籍になり、世間を賑わすこともありました。

しかし、私にとってこれらの情報はどこか他人事であり、興味や関心は特にありませんでした。それは自分の生まれ育った地方での取り組みであっても同様です。地方創生の取り組みを他人事のように感じ、自分とは全く無関係のものと考えていました。

そんな私ですが、２０２１年12月「弘前市をデジタルイノベーションシティに」という合言葉のもと弘前市土手町にデジタルイノベーションセンター 弘前 Kadaru@Cafe HIROSAKI（以下、Kadaru@Cafe）をオープンしました。

※かだる（Kadaru）とは、青森弁で仲間になる、集まる、参加するなどの意味になります。

Kadaru@Cafeは、平均年収全国ワースト1位の３７１万円（厚生労働省「令和2年賃金構造基本統計調査」）、人口減少率全国ワースト2位（総務省「住民基本台帳に基づく人口、人口動態及び世帯数（令和5年1月1日現在）」）という青森県の現状を変えるため、雇用の受け皿を作り上げ、地元で働きたい人が地元で働くことができて、東京とも遜色のない所得をＩＴ・ＤＸ分野で実現する！ そんな未来を追いかけるために誕生しました。

このKadaru@Cafeをオープンすることが決まって以来、２０２２年１月から、地元の人が運営しているコワーキングスペースのイベントに参加したり、青森県外から移住してきた方のお話を聞いたりと情報収集を行いました。情報収集を行う中で驚いたのが、地方のために活動する人々の熱量でした。業種や規模はそれぞれ異なりますが、自分の強みを生かし熱心に活動している方々がこんなにもいるのかと驚いたのを覚えています。

また、地方創生に興味を持ち、行動範囲や出会う人を変えると、今まで見えてこなかった「地方のために働く人」の情報が途端に集まってくるのを感じました。この時、これまで情報が「無かった」のではなく「知ろうとしていなかった」という事実に気が付きました。

私はたまたま自社の採用面接時に弘前の方とお知り合いになり、現状を知る機会があり、地方創生に興味を持つことができました。しかし、地方で働く多くの人は毎日一生懸命働き、自分や家族の暮らしを守ることで精一杯なのではないでしょうか。その中において「地方創生」という言葉や活動が「他人事」になってしまうのは仕方のないことなのかもしれません。

しかし、地方で暮らす人が「地方創生」による雇用や所得の増加、人口増加、住みやすい街づくりを願っていないかというと私はそうは感じません。より良い未来を願ってはいるが、目の前の生活に必死で動けないというのが本音なのではないでしょうか。だからこそ、地方創生に取り組む組織や個人は、地方に住む人に丁寧に自身の活動を説明し応援してもらうことが大事なのではないかと思います。

先に少し述べた通り、地方に住む大多数の方々は日々の生活に精一杯で、地方創生に関心のある方はなかなかいらっしゃらないのが現状であると感じています。

本来地方創生は、雇用の創出や賃金の向上といった地方経済の活性化を目的に行われるもので、地方に住む大多数の方に関係するものです。

しかし、現実問題として地方創生を実施する側と地方に住む人々には、大きな意識の隔たりがあります。その原因は、地方に住む方々が地方創生として行っている様々な取り組みを自分事として考えることができていないことにあるのではないかと思います。

その理由は様々あるでしょう。その中で私が考える最大の理由は「地方創生は自治体や企業が実施するもので、自分には関係のないこと」という考えを持つ地方に住む人々が大多数であることにあると考えています。

実際、私も以前はそう考えていました。

私の場合は地方創生に取り組むいろいろな方々と出会いお話を伺ったことで、考えが変わりました。地方創生に取り組む方々は、常に地域に住む人々の協力を得ながらそれぞれの活動を進めています。

なぜかと言うと、地方に住む人々の協力なくして、自分たちの目的を成し遂げることができないことを知っているからです。このように考えると、地方創生の真の主役は、地方創生に取り組む自治体や企業ではなく、地方に住む人々であると言えるでしょう。

地域を活性化するためには、地方に住む人々が日々行う仕事や買い物等の消費行動における変化が必要不可欠です。地方に住む人々の行動が変われば地方自体が変わります。そのためには、地方創生に取り組む側が地方に住む人々に対して、丁寧な説明を行い、自分たちの活動を理解してもらうことが重要です。

ＳＮＳの発信だけに頼るのではなく、実際に足を運び、面と向かって会話する。自身の活動を通して実現したい未来や希望を熱意をもって伝え、共感してもらう。人と人の繋がりを何よりも大事にする。泥臭く行動する。これらにより自身の活動のファンになってもらうことで、地方創生を「他人事から自分事」として考えてもらえるよう環境を自分たちで整えていく必要があるのです。

地域の人口減少や新型コロナウイルスの感染拡大、ロシアのウクライナ侵攻に伴う世界情勢の緊迫化や物価高など、私たちを取り巻く環境は日々変化しています。昨日まで正解だったことが今日は不正解になることもあるでしょう。

そのような中、苦境に立たされた日本の地方は、地方創生に取り組む側と、地方に住む人々とが一致団結してこの困難を乗り越えていく必要があります。地方創生を他人事から自分事へ。地方に住む人々との協力関係を築き、地方の活性化を実現する。これを実現するため、弊社では自社の強みである経営戦略とＩＴを駆使して地域に貢献します。

社員column ①

青森へのUターン事例　～地元に帰ってきた理由～

八木橋 彩乃

私は青森県で生まれ育ち、大学時代は東京で過ごしました。結果的に青森で就職することになるのですが、就職活動を始めた当初は東京での就職を考えていました。一番の理由は、東京の方が圧倒的に就職先が多かったからです。その他にも、給与や同世代の若者の人数、プライベートで遊べる場所などを考えても、地方と東京とでは大きな差があります。このような現状で、将来の青森の姿を想像したとき、正直暗いイメージばかりでした。

しかし、地元企業も見てみようと軽い気持ちで参加した就職説明会で、地方創生という取り組みに興味を持つようになり、青森が都心に負けないぐらい活性化した地域になるのなら、青森で働きたいなと思ったのです。最終的に「地元である青森を盛り上げていく仕事」に一番興味を持ち、地元企業で就職することになりました。

数年は地元企業で働いていましたが、当初想定していた業務とのずれを感じ、転職を考え始めました。しかしながら、転職先を探してみても、自分がやりたい仕事とは遠い仕事ばかり。やはり、地元での就職先の選択肢はとても少なかったです。もう県外へ転職するしかないのかな、と考えていたところ、弊社弘前事業所の「青森県弘前市をデジタルシティ化し、若者の雇用を創出する」という目標を聞き、まさに私のような若者の悩みを解消する会社だと思い、入社を決めました。

青森県で生活をして、改めて青森県には好きなところがたくさんあると感じています。朝は満員電車に揺られることはないし、近所で手軽に買える農産物や海産物も新鮮でおいしいものばかり。ねぷた祭りなど、季節のイベントにも毎年楽しく参加しています。その一方で、若者が少なかったり、遊べる場所が少なかったりするのは、少し寂しいですね。地元で生活することで、地元の良さや改善点をより感じられると思います。青森の良い部分は残しつつ、青森がもっと栄えるような地方創生を、青森で暮らしながら実現していきたいです。

地元の現状と地方創生へのきっかけ

2

大義はあるか？　志は何か？

私が地方創生事業に取り組むときに、大義はあるのか？　について考えさせられました。大義とは、簡単に言えば「何のためにやるのか？」「誰のためにやるのか？」ということ。重要な決断が迫られているときに立ち返るのが大義であり、行動や大きな決断をするための指針となるものです。

そして、大義には「行動の重要性」という意味もあります。分かりやすく言えば「困っている人を助け続ける、人の役に立ち続けるといった人として正しい行動」のこと。これは「道義」とも言い換えられます。

「行動の重要性」であるため「その行動はどれほどの価値があるのか？」と

聞かれたときに「こんなに大切な意味があるんだよ！」という返答も「大義」ということになります。「生きていくため」「収入を得るため」「家賃を払うため」など、いろいろな大義があるかと思いますが、私の大義の源泉とは、生まれ故郷を良くしたいという思いから湧き出た「地元愛」のようなものでした。

ここで少し私の地元である青森県弘前市についてご紹介いたします。

ちなみに、私は青森県弘前市生まれの45歳（２０２３年7月現在）です。弘前市は、人口約16・6万人（参照：令和３年弘前市オープンデータひろさき）の地域で、人口規模では青森市（27・6万人、参照：青森市住民基本台帳）、八戸市（22・3万人、参照：八戸市住民基本台帳）に次ぐ県内３番目の都市です。

弘前市は祭りも盛んで、春は日本一との呼び声も高い弘前さくらまつりに、夏は弘前ねぷたまつり、秋は弘前城菊と紅葉まつり、冬は弘前城雪燈籠まつりと、年中お祭りを開催しているような地域です。

青森県の現状

青森県は自然豊かで暮らしやすい街ですが、年々人口が減少しているという大きな課題を抱えています。令和4年10月1日時点での推計人口は120万4343人で、前年と比較して1万6962人（1・39％）の減少となりました。

令和3年10月1日から令和4年9月30日までの自然動態は、出生者数が6100人、死亡者数が1万9349人で、自然増減数は1万3249人（1・08％）の減少。社会動態は、転入者数が1万9605人、転出者数が2万3318人で、社会増減数は3713人（0・30％）の減少という状況です。

少子高齢化が進む日本において、出生者数が死亡者数を下回り自然増減数がマイナスになるのは致し方ない部分があると思います。

問題視するべきなのは、転入者が転出者を下回る社会増減数がマイナスになっていること。青森県では社会増減数が毎年5000人前後、マイナスになり続けています。年齢別県外転入出の状況について見てみると、県外への転出者数は18歳が最も多く、次に22歳、20歳と続き、22歳を超えて年齢が高くなるにつれて少なくなる傾向にあります。

これらのデータから、高校卒業後や大学卒業後に県外へ出てしまう人が多いことが読み取れるでしょう。

つまり、青森県に住む高校生にとっては「自分が行きたい学校や働きたいと思う会社が青森県に少ない」ということを意味し、大学生にとっては「自分が働きたいと思う会社が青森県に少ない」ということを意味しています。

もちろん、青森県内には魅力的な学校や会社はありますが、データで見る限り、転出者が多い危機的な状況が続いていることが分かります。

国の地方創生に対する基本的な考え方

先述した国の「まち・ひと・しごと創生総合戦略」ですが、これは、国を挙げて地方創生に取り組むための政策の一つで、地方創生を考える上で重要になるポイントが整理されています。ポイントは三つあり、順にご紹介します。

一つ目は、人口減少と地域経済縮小の克服です。

弘前市のような地方では人口減少に加え、若い世代が地方から流出することで、首都圏への一極集中が進んでいます。人口減少は消費市場の規模縮小に繋がるだけでなく、深刻な人手不足を巻き起こし、地域経済に大打撃を与えています。

地方は人口減少をきっかけに「人口減少が地域経済の縮小を呼び、地域経済の縮小が人口減少を加速させる」という負のスパイラルに陥るリスクが高い状況。この構造的な問題の解決に、国は人口、経済、地域社会の課題に対して、次に紹介する基本的視点を持って、一体的に取り組むことが重要だと考えています。基本的視点とは「東京一極集中を是正する」「若い世代の就労・結婚・子育ての希望を実現する」「地域の特性に即して地域課題を解決する」の三つです。

二つ目は、まち・ひと・しごとの創生と好循環の確立です。

地方の負のスパイラルに歯止めをかけるためには、地方に「しごと」が「ひと」を呼び「ひと」が「しごと」を呼び込む好循環を確立させる必要があります。「しごと」や「ひと」の好循環が生まれることで「まち」に活力を取り戻せるようになると考えています。

三つ目は、まち・ひと・しごとの創生に向けた以下の政策五原則です。

「①自立性」各施策が一過性の対処療法的なものにとどまらず、構造的な問題に対処し、地方公共団体等の自立につながるようなものであるようにすること。

「②将来性」地方が自主的かつ主体的に、夢を持って前向きに取り組むことを支援する施策に重点を置くこと。

「③地域性」国による画一的な手法や縦割り的な支援ではなく、各地域の実態に合った施策を支援すること。

「④直接性」限られた財源や時間の中で、最大限の成果を上げるため、ひとの移転・しごとの創出やまちづくりを直接的に支援する施策を集中的に実施すること。

「⑤結果重視」効果検証の仕組みを伴わないばら撒き型の施策は採用せず、明確なPDCAメカニズムの下に、短期・中期の具体的な数値目標を設定し、政策効果を客観的な指標により検証し、必要な改善等を行うこと。

以上の三つのポイントを押さえつつ、国の総合戦略において基本目標を定めています。

「地方における安定した雇用を創出する」「地方への新しいひとの流れをつくる」「若い世代の結婚・出産・子育ての希望をかなえる」「時代に合った地域をつくり、安心なくらしを守るとともに、地域と地域を連携する」

つまり、私たちが取り組んでいる地方創生を、国も声を大にして後押ししてくれているのです。

青森県の地方創生に対する基本的な考え方

国の「まち・ひと・しごと創生総合戦略」の動きが、人口減少の克服に向けて「青森県基本計画未来を変える挑戦」で取り組んできた方向性と一致していることから、県総合戦略を「青森県基本計画未来を変える挑戦」のうち、人口減少対策に係る施策の実施計画として位置付けました。

また、人口減少を克服するには、人口増加に向けた取り組みだけでなく「県内総時間」の延伸を図ることが必要だと考えています。さらに、産学官金の連携による新たな産業の創出や育成といった「しごとづくり」、地元の大学等との連携による「ひとづくり」、地域間連携による持続可能な「まちづくり」など、様々な取り組みにおける連携を県は促進しています。「定住自立圏」や「連携中枢都市圏」などの広域連携に向けた市町村の取り組みも県は積極的に支援している状況です。

県の基本目標は「社会減対策」と「自然減対策」の二つの観点から目標を設定しています。社会減対策の基本目標は「強みをとことん、魅力あふれるしごとづくり。人財きらめく、住んでよしの青森県」、自然減対策の基本目標は「地域でかなえる、子ども・未来の希望。課題をチャンスに、めざせ健康長寿県」です。

いち民間企業として地方創生を推進するのではなく、国や県の考え方も念頭に入れながら地方創生を進めていきたいと考えています。

地方在住者や地方出身者が本気で取り組まない限り、真の意味での地方創生を行うことができません。私は地方出身者として、地方創生に本気で取り組んでいきます。

地元愛とは何か？

地元愛というのは歳をとるごとに湧いてくるものだなと感じているのですが、地元愛の源泉となっているものは、幼少期の記憶が大きく関与しているように感じます。青森県といえば日本一の田舎の代表格のようなもので、みなさんがイメージされるように家の周りは畑と田んぼでいっぱい。

子どもの頃と言えば、田んぼや畑、そして川や山といった自然の中で遊ぶのが普通でした。また、冬は雪の降る地域でもあったため、体育でもスキーがあるのは当たり前で、雪かきや雪だるま、雪まつりなど、自然と雪と共存する術を学んで生きてきました。

そして、田舎あるあるかもしれませんが、自宅の鍵は基本的に開いており、気が付くと知らない人がこたつに座っていて、家に帰ると「お帰り」と言ってきます。何かあるたびに親戚も近所の人も集まってくるのが普通で、うちは本家だったこともあり、常に誰かしらが家に集まっているような環境。

そのため、近所の人は基本的に全員知り合いで、良いことも悪いこともすぐ耳に入る地域でした。

このような人と人との繋がりが、地元愛を生み出すのではないかと思います。私は高校を卒業すると同時に地元を出たのですが、当時は「地元を捨てるのか？」「長男なのに家を出ていくのか？」など、散々な言われようでした。それほど、青森県には地元愛が強い人が多いのでしょう。

ＩＴの世界に興味津々の学生時代

私が子どもの頃は就職先の代表格が市役所でした。市役所に就職できる人が成功者のようなイメージで、高校を卒業して就職することが当たり前の環境でした。他には農業、土木建築、そして大手メーカーの工場などで働くのが一般的でした。しかしながら、私はこういった就職に関しては違和感を抱いていていました。

私自身、市役所に就職できるほど頭が良くないし、ＣＭをやっているような工場に就職するイメージも持てない。いくら大手メーカーの工場だからと言って、毎日同じようなライン作業になるのではないか？　給料も聞くところによると、手取りは10万円台が当たり前。そんな給与が一生続くのか？当時の私は、地元への就職に全く希望を持てませんでした。

それよりも、中学生の時に趣味で始めたプログラミングに興味津々。家に引きこもって、ラジオやアンプ（音楽を聴くときなどにスピーカーの音を増幅させる装置）を作ったり、パソコンでゲームのプログラミングなどをやったりしていました。ラジオやアンプの部品は青森では売っていなかったため、東京にある秋葉原のパーツ屋さんに問い合わせをし、部品を取り寄せて購入をしていたのも、良い思い出です。

当時は「ＩＴの世界がどんどん広がっていくのではないか？」「いつか家じゃなくても、どこでも電話できるようになるのではないか？」「友達の家の前で電話して、まるでワープしたかのように驚かせることができるのではないか？」「家にいなくてもテレビが見れるようになるのではないか？」ということに妄想を広げ続ける日々でした。今となってはすべて当たり前のことになってしまいましたが。

そして、私は「自分で作れるものは、自分で作りたい」と思うようになりました。そのためには最先端の技術を学ぶ必要があります。最先端の情報や技術に触れるためには東京へ行くしかない。高校を卒業すると同時に東京へ出ることにしたのです。

高校卒業後はＩＴについて一から学ぶため、東京の専門学校へ進学。電子工学部に所属し、パソコンや電子機器の開発について勉強しました。青森にいる時は写真やテレビなどでしか見たことがなかった秋葉原ですが、東京に出たことにより実際に行けることになりました。

初めて秋葉原に行った時の感動は今でも覚えています。秋葉原についた瞬間、駅前からどこもかしこも怪しげなパーツ屋さんだらけ。

一日あっても見て回るのが無理なぐらいのパーツ屋さんが並んでいました。同じようなお店だけど、多くの店が集まると特徴になり文化になる。このデジタルイノベーションシティ化に通ずるような考え方を、この時にうっすらと思っていたのかもしれません。

会社の上場まで関わり退職、起業

専門学校卒業後は学校から紹介された東京にあるＩＴのシステム開発をする会社に就職。ＤＶＤプレイヤーの研究開発をする会社でした。懸命に働いていたのですが、紆余曲折ののち半年で会社を退職することに。退職後は縁あって、前職で繋がっていた方とＩＴを活用して企業の課題を解決する仕事「ＩＴコンサルティング」を行う会社の立ち上げに参加させてもらいました。

結果的に20年以上、この会社に勤めることになります。

20年以上働いた結果、会社は東証プライムへの上場を果たし、時価総額は数千億円にもなりました。上場した頃には、創業期からのメンバーで会社に残っていたのは私一人だけ。報酬や持株でそれなりの生活ができるようになっていたことから、会社を退職し引退することにしました。今の言葉で言うと「ＦＩＲＥ（早期リタイア）」ですね。

仕事を引退してからは朝から晩までフラフラしてる「フーテンの寅さん」みたいな状態でした。

朝からジムに行って、昼はパチンコへ行き、夜は誰かと飲みに行くみたいな生活。最初のころは楽しかったのですが、だんだん何だか楽しくなくなってきました。毎日特段やることがなく、暇すぎて生きている意味を感じなくなってしまったんです。「働かなくていいなんてもう勝ち組だし、人生最高じゃん」って思われることもありますが、実際は退屈な毎日です。朝起きても特にすることがありません。もう一度寝ようと思っても、眠くないから起きるしかない。

何もすることがないと時間が過ぎるのがすごく遅くなるんです。何もすることがないため「病気になったらどうしよう」とか「自分が生きてる意味ってなんだ」みたいな、余計なことを考えるように。ついには、妻から「目が死んでいるよ」と言われ、社会復帰を考えるようになりました。

同時に、自分の感覚が世間と離れていく恐ろしさを感じていました。

仕事をしていると様々な人たちとの交流があり、情報が入ってくるのですが、人と会わないと全く情報が入ってきません。仕事をしているときはかかわっている人から情報が入ることでＩＴやコンサル業界についてイメージが湧いていたのが、リタイヤした途端にゼロになってしまいました。社会から隔離されていくような感覚が本当に辛かったんです。

そこで、今までやってきた経験をいかしコンサルティング会社を立ち上げ、社会復帰することにしました。

地方創生事業を始めたきっかけ

私の地方創生事業の始まりは、青森県弘前市にお住まいのある方と話したことがきっかけです。2020年頃、弊社にITコンサルタントとしてご応募いただき、お話しすることになりました。年齢が近いこともあり、青森弁であれこれと話していくと、会話の中心は将来への不安や所得を上げていきたいという話に。

40代の方だったので、年収はそれなりの額をもらっていると勝手に思い込んでいたんです。しかし、金額を聞いて驚愕しました。同じ職種でありながら、東京よりはるかに低い水準だったのです。

その方は切実に給与を上げたいと言っていましたが、残念ながら当時の自分には力も構想も何もなく、その方の収入を上げるための雇用ができませんでした。せっかく応募いただいた方を受け入れることができず、とても悔しい思いをしたことを今でも覚えています。

その後しばらくモヤモヤする日々を送る中で、いろいろな情報を調べるようになりました。調べていくうちに、青森県の平均年収が全国ワースト1位であることや人口減少が全国2位で進んでいること、平均寿命が一番短い県であることなどが次々と判明。データを通して、自分の生まれ故郷の悲惨な状況に気付かされ、いたたまれない気持ちになっていきました。

地元を出てから20年以上の月日が経ちましたが、そのとき初めて僕の心の中にも「地元愛」があることが分かりました。

未だに青森弁（津軽弁）を忘れていないのがその証拠です。

今までは「自分が稼ぎたい」「自分ができるようになりたい」ということばかり考えて生きてきたように思いますが、しかし、徐々に地元である青森県や弘前市を何とかしたい、自分にできることは何かないのだろうか？　と考えるようになっていきました。

そしてある時、ふと心に決意が生まれたんです。人が減りすたれていく地元を盛り上げるためにも、青森県弘前市をデジタルイノベーションシティ化すること。そのためにまずは、将来性のあるＩＴ分野での人材育成と雇用を自分が行っていくことを。

社員column ②

青森へのUターン事例　～地元に帰ってきた理由～

三浦 知也

「地元に帰ってきた理由は何か？」この問いに対しての回答は、やっぱり地元が好きだからです。元々、地元が好きな私は、高校卒業後専門学校を経て青森県内の企業に就職。てっきり地元にいられるものだと思っていましたが、想定とは裏腹に東京転勤を命じられました。電車と汽車の違いも分からず、乗り方も知らない状態で引っ越しをし、満員電車に揺られる日々。幸いなことに、配属先に地元が一緒の先輩方が数名おり、いろいろ面倒を見てもらったおかげで、それなりに楽しみながら東京で7年ほど過ごしました。

その後仙台に転勤となり、13年が経過。その間に結婚をし、子供を二人授かりました。将来的には、地元に帰ってのんびり過ごしたいと考えていたこともあり、長女が小学校入学のタイミングで青森に移住することに。私は単身仙台へ残ることにしました。リモートワークも定着してきた頃、このタイミングで私自身も地元に帰って仕事をしようと思い、転職活動を開始。そして、私自身も念願の地元にUターンを果たしました。

Uターンして以来、不便に感じることは多々ありますが、家族でその不便さを楽しめている感覚があります。地元に帰ってきてからは、不便はあるけど不満はなく過ごせているような感じ。また、生まれ育った環境というのは何物にも代えがたい安心感があります。

地元より都会にいたほうが良いという考えの人もたくさんおり、その考えを否定するつもりはありません。一方で、県外に出た人の中で地元に帰りたいと思いながらも、仕事がなく帰れないと嘆く人もいました。

今すぐに状況が一変することはないかもしれない。でも、諦めず行動を起こしていれば、今の状況は必ず変えられる。そのため、私は「地元に残りたい」「地元で働きたい」「地元に帰りたい」と思う人たちが住み続けられるよう手助けをしたいと考えています。そうすることで、今ある不便も少しずつ解消していくと思っています。

3
地元・弘前を変えたい

弘前にＩＴ・ＤＸを浸透させるには

弘前事業所のオープンが決定

２０２１年の10月頃、心の中に芽生えた地元を活性化するための取り組みを実現するべく、地元弘前へ視察に行くことにしました。

結果的に一日の弘前出張で、弘前市に新たな事業所を出すことを決意しました。新型コロナウイルスの感染拡大によってリモートワークが世の中に一気に普及し、地方でも首都圏と同じ仕事ができる環境が整ったこと、それをきっかけに地方に移住する人が増えたことから、決意に時間はかかりませんでした。

事業所を出すことが決まってからは大忙し。福島県出身の社員、前島さん（当時23歳）を事業所立ち上げ責任者に抜擢し、12月オープンに向けて走り出しました。


まずは弘前市役所の企業誘致を担当している方から、誘致企業として認定していただくために必要な書類の案内をしてもらい、手続きを進めるところからスタート。

また、事業所として開設するだけでなく、IT人材が交流することもできる飲食も可能なコワーキングスペースとしての役割も考えていたため、資格や手続きに関して知り合いだった飲食店の店長、石黒くん（当時38歳）にも協力してもらいました。

コワーキングスペースを作るのは、IT人材の交流や教育、採用ができる場を作ることが大きな狙いでした。

誘致企業として市から認定されるためには、ビジョンやコンセプト、そして事業計画が明確でなければいけません。その時に本格的に固まったのが、弘前事業所のデジタルイノベーションシティ化構想です。

事業所を出すことを決めてからオープンまでの約2ヶ月間、近隣住民の方へチラシを配ったり現地で備品を揃えたりと、急ピッチで準備を進めました。

デジタルイノベーションセンター 弘前 Kadaru@Cafe

2021年12月「弘前市をデジタルイノベーションシティに」という合言葉のもと、弘前市土手町に「デジタルイノベーションセンター 弘前 Kadaru@Cafe（弘前事業所）」をオープンしました。

Kadaru@Cafeは、青森県の平均年収全国ワースト1位、人口減少率全国ワースト2位という現状を変えるため、雇用の受け皿を作り上げ、地元で働きたい人が地元で働くことができて、東京とも遜色のない所得をＩＴ分野で実現する！　そんな未来を追いかけるために誕生しました。
Kadaru@Cafeを立ち上げた当初には、クラウドファンディングも行いました。

「【若者の雇用を創出】青森県弘前市をデジタルシティー化。ＩＴ人材が活躍する街へ」というタイトルのプロジェクト。最終的には80万円以上の支援金が集まり、大勢の方々が自分たちの考えに賛同してくださったことには感謝しかありません。さらに、プロジェクトに賛同してくれた方々と積極的に会話をし、関係を深めることができました。
より多くの人に自分たちの考えを知ってもらいたいと思い始めたクラウドファンディングでしたが、結果的には大成功でした。

クラウドファンディングを通じて弊社に興味を持ってくれた内の一人が、

現在Kadaru@Cafeの運営責任者をしている石郷岡君です。クラウドファンディングで支援してくれた地元の人たちが、地元を良くしたいという思いにあふれていたのです。

地方創生の鍵を握る地元の人との関係

地方で事業を行う上では、地元の近隣住民の方や事業者との関わり方が非常に重要です。いきなり現れた「あいつらは何者なんだ」といぶかしげに見られた状態が続くのか、存在を受け入れてもらって協力関係を築くのか。弊社の場合、僕自身の出身地であることが功を奏し、地域の方々と一緒に作り上げていく雰囲気を生み出せたことが何よりも力になりました。

東京で新しい事業を始める場合、関係する方々の関心事は事業の有益性や収益になる場合が多いです。ところが、実際に地方で事業を始めて気付いたことがあります。それは、東京と地方とでは関係する方々の関心事が違うということです。どう違うかというと、地方の関係する方々は「誰が」やろうとしているのか、地方や自身の生活が「どう」変わるのかについて関心を持っていることが多いように感じました。

そのため、実際に地方で事業を行う上では、僕という人間を理解してもらうこと、現地の人が何に困っていてどんな手助けを必要としているか、正しく理解することを重視して行動しました。

また、良い協力関係を築く上で、何度も直接会って丁寧なコミュニケーションをとることも重視していました。直接会ってお話をする際はまず自分の自己紹介を行います。先にも述べさせていただいた通り、相手の方にとって自分という人間を理解してもらうことが大事だと考えているからです。そのため、地元の方と会った場合は、自分が弘前市出身であることということを必ずお話しています。

また、自己紹介の他には自分の親戚のお話をすることもあります。

実は自分のおじさんが弘前の有名人で、ねぷた絵師の呑龍さんという方です。呑龍さんの話をすると弘前では一気に打ち解けることが多かったですね。後から聞いた話ですが、弘前事業所責任者の石郷岡君も呑龍さんの話を交えて僕の紹介をしているそうです。

地方創生を実現していくためには、現地に根を張って動ける人の存在が欠かせません。いくらオンラインが発達しても、直接会ってナンボの世界。その土地におけるキーマンと直接交流をすることで、地方創生の話が少しずつ広がっていくのを実感しました。そういう意味では、地元出身者を事業の責任者にしたり、元々繋がりがある人を軸に展開したりすることが効果的です。

とはいえ、会社の中にいる人材には、現地との繋がりが薄い人しかいない場合もあると思います。その場合、何度も繰り返しコミュニケーションをとっていくしかありません。そのため、弘前事業所をオープンしたばかりの頃は、関係する方々に積極的に挨拶まわりをしていました。

業務以外での時間も密接にコミュニケーションをとりつつ地域の輪に入っていけるか。人や地域に溶け込めるかどうかが、地方創生の重要ポイントです。

しかも、地元の人たちは、いきなりビジネスの話をしても初対面だと警戒されます。そうではなく、何気ない会話を積み重ねることで、徐々に関係性ができてきて、受け入れてもらえるようになります。

地元出身の私が弘前市や他の東北地方の県に行くときは「家に帰る感覚」を持っています。

初対面であっても、東北の方々は友達や親戚のような関係。出張というより、家に帰ってみんなで仲良くなるというイメージが近いです。だからこそ、行政をはじめとして地域の方々にも私たちの存在が受け入れられたのだと思います。

さらに、地元に溶け込む別角度の取り組みとして、東京で開催される青森県の集まりにも積極的に参加しました。

ある時の話です。とある集まりを欠席したところ、次に行った時には「前回は参加してなかったね」と言われたんです。その時、参加者の方々が自分を仲間として気にかけてくれていたのだと気付かせていただきました。

「今時オンラインの交流会で良いじゃん」と思われるかもしれませんが、関係性構築には対面の交流が一番大事なのです。

地方創生を掲げている企業の中には、プレゼンテーションや打ち合わせ時の数回しか地方に行けない会社もありますよね。

何回か通ったからと言って、地方の人たちと心を通じ合わせることができるとはなかなか思えません。何回も何回も繰り返しコミュニケーションをとることで、ようやく自分たちの思いが通じるようになります。

足繁く通っているかどうかが、その土地で本気で事業をしようとしているかの指標になると思うんです。

ＩＴ教育の方向転換

事業所を開設したのが12月で、1月からは早速オンラインとオフラインによるＩＴ教育を開始。元々事業所の立ち上げ時からＩＴ教育を行う構想があったため、動き出しとしてはかなりスムーズでした。

ＩＴ業界未経験の方やＳＥ（システムエンジニア）の方がどうやったらコンサルタントになれるのか。必要なスキルを棚卸しするところから始まりました。その後、オンラインのｅラーニングサービスと契約するにあたり、複数のサービスを比較検討して正式に契約。受け入れ体制が整ったタイミングで、Kadaru@Cafeにて参加者を募っていきました。

ただ、ＩＴ教育を始めたからと言ってすぐに人が集まるわけではありません。Kadaru@Cafeの前を通った人も最初は通り過ぎる人が多く、何をやっているところなのかなかなか認知されませんでした。周知した上で行動してもらうことの難しさを感じました。

そこで、Kadaru@Cafeが入っている不動産会社さんのラジオで宣伝してもらったり、近くのビジネスホテルにチラシを置いてもらったり、ＳＮＳなどで積極的に発信することにしました。青森県の人たちにとって、コワーキングスペースやＩＴ業界は馴染みがないものなので、まずは理解してもらえるよう働きかけることにしたのです。

また、立て看板を立ててKadaru@Cafeの利用案内を書いたり、気になって見に来た人には積極的に声をかけたりしていくことで、ちょっとずつ学生さんや社会人の方が使ってくれるようになりました。

利用者が増えてくることに伴い、ＩＴ教育へ関心を持つ人も増加。20〜30人ぐらいの応募があり「青森県にも意欲的な人がいるんだ。良かった」と安心していました。しかし、オンライン講座を進めていく中でどんどん雲行きが怪しくなっていきます。時間が経つにつれ、一人、二人、三人と抜けていったんです。最終的に今後も勉強したいと手を挙げてくれる方はほとんどいない状況でした。

動画を見て学習することやコンサルタントに質問することが途中で面倒になってしまった、自分には無理だと諦めてしまった、というのが理由のようです。

これが、新たなことに挑戦する壁かと。私たちが今まで都会でやってきた基準が、青森県ではなかなか通用しない。講座を展開する中で、受講者側が求めているレベルを見定めることが重要だと気付きました。弊社側が良かれと思ってやっていることでも、受講者からすると余計なお世話かもしれない。最初はやる気があっても、時間が経つにつれて義務感が出てきたり惰性でやったりするケースも出てきます。本人にとってプラスではないと、押し付けになってしまうんですよね。無理矢理にレベルを引き上げようとするのではなく、段階を踏んでトレーニングしてもらうことが大事。地域の人たちの特性を理解して、土地に合わせたやり方をする必要があると感じました。

そこで、青森県でのＩＴ教育を見直し、大学や高校にお伺いして講義を行う方法に変えました。学生・生徒の前に立ち、直接ＩＴ・ＤＸが世の中をどう変えているのか、コンサルタントという職業の価値・将来性・仕事のやりがいを直接伝えることにしたんです。学生・生徒のうちからＩＴ業界そのものをまずは知ってもらえるように。

人口減少を食い止めるためには、ＵＩＪターンの受け入れ体制を強化するだけでなく、県外へ出ていく人を食い止めることが大事になります。特に、進学や就職で県外へ出てしまう学生が青森で生活し続けられるようにするためにはどうすればいいのか。将来性や収入などを担保できる仕事が青森にあることを学生に知ってもらうべく、青森の高校や大学を回って実際に講演もさせていただきました。

企業に置き換えても同じなんですが、やる気があるけれどもどうしたら良いか分からないという気持ちを抱えている人は、一人か二人ぐらいは地方にもいるはず。そのため、そういった人をモデルにして、「この人もできるんだから他の人たちもできるはず」と事例を作っていくしかないと考えています。

地方創生事業の第一歩

青森県は人口減少が進んでいるということに少し触れましたが、地方から人が出ていくのには明確な理由があるんです。まずは、ライフイベントについて。大きな要因として、進学と就職が挙げられます。

青森県に住む高校生が東北の大学に進学しようと思うと、選択肢がかなり狭まってしまう状況。学力だけでなく学部や学科など、自分のやりたいことを追求すると、どうしても都心に出ざるを得なくなってしまいます。

就職に関しては、給与面が大きな影響を及ぼしています。平均年収が最下位の青森県内では「稼げない」と思ってしまう人は、県外で働くことを選択するでしょう。お金の話だけではなく、職業の選択も東北の中だと限られてしまう。将来性のある仕事や先進的な仕事をしたい場合、都心に出るしかないのが青森県の現状です。

また、青森県の遊び場がどんどん少なくなっているのも、県外への人口流出を進行させる要因となっています。

遊び場がどんどん潰れていき、ボウリング場も映画館もなくなっていく。青森市では、2021年8月に20年間市民に親しまれてきた映画館が営業を終了しました。青森市内には他にも映画館はあるものの、スクリーンの数が少ないため、市民は目当ての映画を見るために青森市を出て他の市にある映画館まで行かなければならないのが現状です。「山とか海があるんだから、自然を楽しんでおけばいいじゃないか」と言われることもありますが、生まれて以来ずっと楽しんでいる自然はもうお腹いっぱい。そのため「遊ぶなら都心に出るしかない」と考える人が多いようです。

青森県が発表した「令和4年青森県の人口」によると県外への転出者数は、18歳が最も多く2216人、次に22歳の2216人という結果。このデータから進学や就職を機に県外へ出ていく若者が多いということが分かります。

もちろん、地元が好きな方も多くいます。

「地元で生活していきたい。でも、都心に出ないと自分がやりたいことを実現できない」という葛藤を抱える人もいる。

あとは「青森県から出ないと自己実現ができないことは分かっているけど、地元が好きすぎて出られない」という人もいる。

都心に出た人の中でも「いつかは青森に戻りたい」と思う人もいます。ただ「青森に戻りたいけど、収入や仕事の内容がクリアできないと戻りたくない」と思う人も多く存在します。戻りたいけど戻れない。このせめぎ合いがあるんです。そこで、収入面や仕事内容の不安を解消すれば、青森県に人が戻ってくるんじゃないかと考えたわけです。

〝雇用の創出〟は、地方創生の第一歩。要は、Uターンや I ターンする人を受け入れられる場所を作ろうと思ったのです。自分が長年関わってきたITコンサルティング（以下、ITコンサル）であれば、将来性は高く、収入面も他の職種に比べて高い。「ITコンサルを行うことによって青森県に戻ってくる人を増やす」というテーマを持って、青森県での事業が始まりました。

東北にはシステム開発会社が多く ITコンサル会社は存在しない

青森県や東北には、システム開発会社は多く存在しますが、弊社のようなITコンサル企業はないようです。

システム開発に関わる人はSE（システムエンジニア）やプログラマーと呼ばれますが、一般的には収入が高い職業に分類されています。

しかし、東北にあるシステム開発会社は都心の下請けをしていることが多いため、元請けをしている会社で働いているSEやプログラマーと比べると、非常に安い金額で使われてしまう。実態で言うと、都心の会社から東北の会社に支払われる金額は、SE1人あたり月50万~70万円ぐらい。

そこからSEに給料を支払うと、年収は300万~500万円ぐらいになってしまうこともあります。それ以上は支払えないという会社が結構あるみたいです。

東北には2500社ぐらいシステム開発会社があるというデータがありますが、都心の下請けをしている会社が多い印象です。そのため、システム開発の中で携わることができるフェーズが限られ、スキルアップの機会もなかなか得られないし、収入の上限も定まってしまいます。また、最先端の仕事になかなか携われません。このように、東北には収入を上げたりスキルアップできたりする環境がない。

だからこそ、弊社が青森県でコンサルティング事業を展開できれば、東北や青森にいる意欲的でスキルアップを望む人たちの気持ちに応えていけると考えました。

地方創生で重要になる三つの軸

私が考える地方創生は「雇用を創出する（労働人口を増やす）」「所得を向上させる」「税収を増やす」の三つが軸になると考えています。

地域にお金を落とす仕組みを作る、つまり税収を増やすためには労働人口を増やす以外ないと思うのです。

労働人口を増やすということは本質的に必要なことだと思うのですが、なぜかみんな言いたがらない。その理由は、お金の話が絡むことで耳障りが悪くなるからだと考えています。農業へのＩｏＴ（モノのインターネット）利用やドローン、ＡＩといった今流行りの言葉を使う方が耳障りが良いじゃないですか。

その耳障りの良い言葉に将来性を感じる人たちが集まってくるんです。ところが、そういった言葉は最先端ではあるものの現実味がないため、なかなか形にならないことが多いようです。

これからの時代重要になるのは、地に足のついた産業のデジタル化・IT化・DX化にあると考えています。それを実現するために、ITコンサルタントが存在しています。

ITコンサルタントが増えることによって、青森にある既存の農業や医療、観光産業などの改革実現可能性が高まっていく。

地元に対して思いを持っている人たちとITコンサルタントが手を取り合い「地元の産業を改革するんだ」と思うようになって初めて、農業IoTやドローンが有効活用できるようになる。

産業が改革されていくことにより新たな雇用が生まれ、地産地消でビジネスが回っていく。長い目で見たときに、地元で発展していくような産業を生み出し、それが回っていく状態を目指す。
そのための雇用の創出というのは、地道で泥臭い感じがして世の中のウケは悪いかもしれませんが、届けたい層にはハッキリと届くと考えています。

また、スタートアップの誘致や立ち上げ、インキュベーションなども産業改革に含まれます。
弊社がスタートアップの立ち上げ支援をしているのも、産業改革や新しい産業を生み出すことを視野に入れているから。さらに考えていくべきこととして、地方創生を進める上では、事業を推進する立場に地元の人を据えるのは必須だと考えています。地元出身者や在住者がいるだけで、地元の人の協力が得られやすくなるのです。

地方創生を行っている大手の方とお話しする機会もあるんですが「地元の

人たちの協力がなかなか得られない」という話をよく聞きます。地方創生という建前で外部の企業が地方に進出しても、地域に根ざして活動しない限りうまくいかないんですよね。

青森県弘前市をデジタルイノベーションシティへ

私が取り組む地方創生事業の最大の目的は、青森県弘前市をデジタルイノベーションシティ化することにあります。

デジタルイノベーションシティ化とは、まるで昔のアメリカのシリコンバレーのように、IT企業とIT人材が数多く集まり、新たなイノベーションが自然に、どんどん生まれてしまうような街をイメージしています。

多くのIT企業やIT人材が集まると、やがてそれは特徴となり文化となる、そんな街を作りたいと心に描きました。

そのために、ITコンサルタントを育成しながら働ける環境を作り、まず300名を雇用したいと考えています。また、青森県内のみならず、北海道と東北6県におけるDX化やデジタル化を、現地に住む人がサポートできるような仕組みを作り上げたいと思っています。

そして、IT企業が青森県にどんどん集まる状況を作り上げるため、ITスタートアップ企業の立ち上げ支援を行い、県外からもITスタートアップ企業をどんどん誘致する予定です。最終的には、青森県内の既存産業である農業や観光、医療など、様々な産業がより発展していくための支援を行う構想を持っています。

ITの力は無限大。これからの地方を活性化していくためには、ITの力が最も有効であると私は考えています。IT業界では今、人材育成の必要性が叫ばれています。そのためには、業界に参入する人を増やす、育成する、活躍する環境を作るといったことが必要です。経済産業省が2019年に公表した「IT人材需給に関する調査」によると、2030年には79万人ものIT人材が不足すると言われている中で、街全体でIT人材が増えている地域があれば、一気に注目されるのは間違いありません。

IT業界が若者に未来を照らす

なぜ、青森県弘前市をデジタルイノベーションシティ化するのか？　その狙いは、これからの時代を担う青森県内の若者に対して「未来のある職業に就ける環境を作ること」です。

IT業界は人手不足が叫ばれている業界であり、ニーズはあるのに人手が極端に不足している業界です。また、業界自体は成熟しているように見えてまだまだ発展の余地があることから、将来性もあり専門性が高いため、他産業に比べて高い収入を得られる可能性が高い。

ＩＴ業界は、若者が手に職をつけ将来にわたって希望を持って働くことのできる業界であると捉えています。

今後、少子高齢化が進むことは確実であり、それに伴い働き手も確実に減ります。今までのように人手を確保して働いてもらうことが、高い確率でできなくなってしまうでしょう。

優秀な若手は大手企業を中心に囲い込まれ、中小企業に優秀な人材が回ってくることがなくなるどころか、今まで働き手の中心でもあったパートやアルバイトの採用すら取り合いになるような状況。今まで当たり前だった環境は変わっていく。その変化に迅速に適応し、対応していかなければ、生き残ることはできないのです。

労働人口の減少や少子高齢化など、こういった課題解決にもＩＴを活用することが可能です。

例えば、人に代わって働いてくれるロボットの出現により、人手不足を補うことが可能となりました。また、人が対応するには危険すぎるようなことも
ロボットが代わりに活躍しています。

各種テクノロジー技術の発達により、高性能なカメラとあらゆる物事を予測し判断するＡＩ、高速通信である５Ｇなどを組み合わせるだけでも、とても高性能なロボットを生み出すことが可能となっています。これもＩＴ技術が生み出した、課題解決のためのテクノロジーです。

社員column ③

青森へのUターン事例　～地元に帰ってきた理由～

野藤 傑

２０２０年秋、私は妻とともに地元の弘前市へ移住しました。当時の私はあまり順序立てて考えてはいませんでしたが、今思うと弘前市に移住した理由は大きく三つあるのではないかと思います。

理由の一つ目は、安く一戸建てに住みたかったからです。

弘前に帰ってくる前、私は妻と二人で関東のアパートに暮らしており、結婚を機に一戸建てに引っ越したいと話していました。そんな中、弘前の実家では親が一人で暮らしていることを思い出したんです。老朽化が進んではいたものの、一人暮らしには十分な広さがある家です。「リフォームのついでに二世帯にすれば、土地を購入して基礎から一戸建てを建てるよりは確実に安く、一戸建てに住める」と考えました。そんな考えを妻や親に相談したところ、紆余曲折はあったものの了承してくれました。弘前市に帰ってきた現在は想定通り、実家を二世帯に建て替え、土地購入や建築費用を抑えて一戸建てに住めています。

理由の二つ目は、弘前という街が好きだからです。

弘前市は青森県の三都市の一つで、山や川に囲まれつつも住宅街やマンションなども存在し、自然と街が融合した住み良い街です。春は弘前城のある公園での桜祭り、夏はねぷた祭り、秋は紅葉、冬は雪など四季をはっきりと感じられます。また、生活用品を取り扱う店や飲食店、郷土料理や地酒を取り扱うお洒落なお店など、弘前市にしかない食文化を味わえるお店も多数存在します。違う街に住んだことで、地元の魅力に気付き、いつしか心のどこかで地元に帰って生活したいと考えるようになっていました。弘前市に帰ってきたおかげで、余暇の時間は弘前を満喫できています。

理由の三つ目は、リモートワークや在宅勤務が世間で浸透してきたからです。

関東でSE（システムエンジニア）として勤めていた際、会社に出社しつつも顧客とのやり取りは電話やメールが基本で、直接対面することはありませんでした。パソコンとインターネット環境があれば日常業務ができるIT系職種は、比較的リモートや在宅スタイルの働き方が取り入れられています。そのため、弘前市に戻っても何かしらの形でIT系の仕事が続けられると思い、弘前市へ帰ることを決断しました。

現在は地方創生をテーマの一つとして掲げる企業のコンサルタントとして、日々の業務に取り組めています。

弘前の地方創生へ向けたアクション

4

補助金と地方創生

地方創生を考える上でよく語られるのが、補助金の話。

弊社の場合、弊社が補助金を取りに行くというより、補助金を受けられる企業の後押しをすることが多いです。

実際、補助金をうまく使ってＤＸ化を推進した事例もあります（具体的な内容は後述します）。一番良くないのが、補助金ありきで地方創生を掲げること。

「補助金が出ないと何もできない」と言うのは、僕は事業とは言えないのではないかと思っています。補助金に頼ることなく、大義のもとに取り組まないと本当の意味で地方創生を行っているとは言い難いのではないでしょうか。

今後も、弊社自体が補助金をもらって事業を進める考えはありません。ただ、東北の企業が補助金をもらって、事業の推進をしていくことは積極的に後押ししていきたいと考えています。例えば、事業の変革に取り組んだり、販路の拡大をサポートしたり、グローバルで戦えるようなサービスの構築であったりという事などです。

本来、企業が国や自治体の方と直接やり取りをしてＤＸやイノベーションを進めていければいいのですが、ＤＸに詳しくない人同士ではなかなか上手くいきません。

そこで、ＤＸに強い弊社が間に入り、国や自治体の補助金を活用した事業の変革をサポートしていきます。既に多数の成功事例が出てきているということは、弊社の介在価値が出てきた証拠。補助金を使用してもらうことでＤＸが推進され、企業の生産性・売上が向上すること自体が自治体にとってもプラスになるので、国や自治体と企業がＷｉｎ－Ｗｉｎになる関係を目指しています。

企業のサポートを行った結果、雇用が生まれ、人口流出を食い止めることに繋がる。地方創生を考える上で、重要な流れだと考えています。

ＤＸ化の具体的事例

補助金を使って弊社がＤＸ化支援を行った会社の中に、地域に根差した製造業のお客様がいらっしゃいます。地元では一定のシェアや知名度はあるものの、県外ではほとんど認知されていない状況でした。

「青森県の人口がこれからどんどん減る中で、販路を県外に拡大しないと会社自体も存続できない」という危機感が社長にはあり、なんとかＩＴを使って販路を開拓できないかという相談をいただきました。

実際に行ったのは、マーケティング戦略の策定や販路拡大の計画、ECサイトの制作・運用など、多岐に渡ります。

「ECサイト（オンラインショッピングができるサイト）って作れる？」と聞かれることもあるのですが、ただ闇雲にECサイトを作ればいい、という話ではないことをお伝えしています。

実際にどう販売していくのか、戦略を元にECサイトを作らなければ期待する効果を出すことは難しいでしょう。そのため、戦略立案の部分からお手伝いさせていただき、現在は、立てた計画を行動に移すという段階まできました。このご支援に関しても、県や国の補助金を弊社からご紹介させていただき、活用する部分も支援させていただく予定です。

ご支援後の成果としては、売上高のアップや利益率の向上を想定しています。これにより、社員さんへの給与の分配を向上させることが最終的な目標です。

ＤＸ化を推進する中で、コンサルティングや弊社の事業内容について理解を深めていただくことの難しさを感じました。最初ご提案させていただいた時には、コンサルタントが行う仕事内容やどんなサポートを行うのかを丁寧に何度もご説明させていただいたことを覚えています。

地域や企業によっては「コンサルティング」という言葉を聞いただけで距離を取る人もいるようなので、説明の仕方や距離の取り方には気をつけなければいけません。

ときには、なかなか話が進まなかったり門前払いを食らったりするケースもあります。地方と都心では知識・文化・状況・スピード感・社内の体制が違うことを頭に入れておかなければなりません。

次にご紹介するのは、製造業のＤＸ化支援の事例です。

このお客様は、長年システムを開発していた方が退職したことにより、間近に迫った基幹システムの刷新に伴う各種システム改修や運用体制の再構築にお悩みを抱えていました。そこで、お客様のお悩みを解決できるよう、システム計画の立案や運用体制の策定、システム開発プロジェクトの進捗・課題管理等のご支援を弊社がさせていただきました。

このように、ＩＴに関する人材育成、体制づくり、ナレッジの蓄積が上手くいかなかったことで「新しいことをやろうにもどうしたら良いか分からない」とお困りの企業が増えています。明確な悩みを持っているというよりぼんやりとした悩みを持つケースがほとんどです。

労働人口と関係人口を増やし、地方にお金を落とす

青森県での目の前のゴールは、ＩＴコンサルタントを青森で３００人雇用すること。そのために、県内での人材育成とＵターンやＩターンで優秀

な人材を確保できる施策を考えています。

また、関係人口を増やすための取り組みも行っています。

雇用の場合、労働人口を増やして直接的に税収を増やすことになりますが、関係人口の場合は間接的に税収を増やす取り組みになります。

そもそも、関係人口の定義は、青森には住んでいないけど、何かしらの形で青森に関わっている人たちのこと。青森に住んでいなくても、通販で青森の商品を買ったり観光に来たりするのもお金を落とすことに繋がります。弊社として、関係人口を増やすことにも貢献したいという思いから、観光向けのサイト「弘前Ｎａｖｉ」を作りました。

労働人口を増やすことも関係人口を増やすことも、地方の税収を増やす仕組みを作ると言う意味では、同じだと考えています。

関係人口を増やすことが労働人口を増やすことにも繋がりますし、労働人口を増やすことが関係人口を増やすことにも繋がる。要は「税収を増やすための手段はいろいろある」ということです。青森県や東北を知ってもらった人の中から、移住をしたりUIJターンをしたりする人が増えることを願っています。

メタバースを使って人が集まる仕組みを作る

実は、メタバースを活用した事業も準備を進めています。

メタバースとは、インターネット上の仮想空間のことです。この仮想空間上では人々が交流したり買い物をしたり仮想空間ならではの体験を楽しむことができます。メタバースは2007年頃からあった概念ではありますが、技術の進歩やスマートフォンの普及・性能の向上により誰でも簡単にメタバースを体験できるようになったことから、注目が集まっています。

コロナ禍では、観光地に直接訪れる人が減ってしまいました。直接来る人が減るということは、観光収入も減るということ。

だからこそ、直接青森県に来なくても観光収入を得られる仕組みを作る必要があると考えました。メタバースを通してバーチャル空間に来てもらって、お金を落としてもらえばいいのではないか。メタバースの仕組み作りはテクノロジーのスペシャリスト集団である弊社が行うのがとても親和性のある取り組みだと考えています。

また、「りんご娘」をはじめとするアイドルグループのプロデュースを行っている、有限会社リンゴミュージック様とは「地方創生パートナーシップ協定」を結び、連携を強化しています。

弊社としては青森県内での知名度を上げて、雇用の間口を広げていきたいという思いがあり、リンゴミュージックの拡散力が強力な力になるのではないかと考えました。一方、リンゴミュージックとしては、今後のコンサートをリアルだけではなく、メタバースでも実現できるようにしていきたいという考えをお持ちだったこと、そして何より衰退していく地元を何とかしたいという思いを社長の樋川新一さんもお持ちであったことから、協定の締結に至りました。弊社が得意としているテクノロジーを活用して、アイドルグループと新しい取り組みができる可能性が見えてきたため、樋川さんと話を進めています。

よくDXを業務の自動化や効率化、コスト削減を指す言葉として理解している方がいらっしゃいます。しかし、本来あるべきDXとは、最新のテクノロジーを活用した新しい事業を生み出し、エリアの制限なくグローバルに展開できることであると考えています。

行政と協力関係を築く

2022年の目標として、まずは社員を採用することに主軸を置き、採用媒体や採用エージェント等、あらゆる手段を通じて採用活動を行いました。

その過程で弘前市や青森県といった行政の方々には大学の就職課担当者をご紹介いただいたり、県独自の採用媒体を教えていただいたりと様々な協力をしていただきました。

その結果、社員を3人採用することができました。

また、頻繁に連絡を取り合いコミュニケーションを重ねることで、行政と密な情報共有や連携もできるようになりました。

事業所を立ち上げた2021年からずっとコロナ禍だったのですが、行政の方々にはなるべく直接お会いして取り組みを共有させていただきました。

私が直接現地に行き、対面で思いを伝え続けたことで、弘前事業所を本気で良いものにしたい、というメッセージが行政の方々に伝わったんだと思います。

行政の方たちと手探りながらも、活動の連携を模索していく中で、しだいに行政の方々から「この日にこういう取り組みをするのですが、ご協力いただけないでしょうか?」と提案していただけるように。短期的な関わりで終わることなく、一生懸命に密なやりとりを続けたのが今の良好な関係に繋がっています。

地道に活動してきたことによるプラスの変化

2021年から1年半以上青森県で活動をしてきて、弊社を頼ってくださる企業や行政、団体が増えてきた実感があります。地道に種まきをした結果少しずつ芽が出始めています。

最初のうちは「誰？　コンサルって何？　怪しいのでは？」みたいなところから始まってるので、プラスの変化を感じながら着実にステップアップできているのは嬉しいです。

認知度が広がり前進できているのは、地道な行動の積み重ねと人の繋がりが生まれてきたからです。元々の知り合いや青森県出身の社員の知り合いなど、地元の人たちとの連携が少しずつ生まれてきました。

地方創生を進めたり地元の人たちの協賛や賛同を得たりする上で、地域への地元愛を持って進めることが重要になると実感しています。

地元愛があるからこそ活動ができることもありますし、求めていただけるのであれば、真摯に応えていきたい。青森県だけではなく、秋田県や宮城県など、東北全体で唯一のコンサルティング会社として、ＤＸやイノベーションを支えられる存在になっていきたいと思います。

東北で仕掛ける新しい未来

地方創生事業のプランの一つとして、東北をグローバルなオフショアができる町に変革していきたいと考えています。そのために、東北にあるシステム開発会社との戦略的なパートナーシップの構築や、後継者に悩みを抱えるシステム会社の事業承継を積極的に行っています。引き受けたシステム開発会社をコンサルティング会社にリノベーションし、より高度なＤＸへ対応できる組織に変革する、そして賃金を向上できるようにする。

そして、海外のシステム系の仕事を受け入れられる体制を東北で作り、仕事を発注いただくことで資金を得る、得た資金を、各産業のトランスフォーメーションに投入していく。そうすることで、新しいビジネスや雇用を生み出す流れを作ろうと考えています。

また「街のテーマパーク化」も考えています。どういうことかと言うと、ディズニーランドのように街をテーマパーク化し、人や物が集まる環境を作り、買い物や観光を楽しんでもらうことで、お金を現地で使ってもらうという仕掛けです。アトラクションや忍者屋敷、人力車など、面白そうなものを街に設置することで、人の流れや動きが活発になると思うんですよね。

街のテーマパーク化を推進するため、街を回って市場調査を行っています。「どんな食べ物があったら嬉しいか」とか「どんな場所があるとテンションが上がるか」とか、一般の方の話をたくさん聞くようにしています。

すぐに取り掛かり柔軟に変化していく

地方創生を掲げてなかなか思うように進んでいない企業は、机上論に寄りすぎて失敗してしまう。私の場合、事業計画はあまりガチガチに立てず、状況を見ながら臨機応変に物事を進めることを大事にしています。

大まかな方向性や目標を立てた上で、進め方は臨機応変に。

「絶対にこのやり方じゃないとダメ」という考え方に縛られすぎず、想定とのギャップをうまく捉えていくことが重要。地方創生では計画通りに進まないこともあると思うので、柔軟な発想や対応方法が大事になると思います。

弊社の社員には「とにかく人を思いやるように」と言っています。

目標があるからと言って、なんとしてでも絶対に目標達成を目指せばいいわけではないと考えているからです。お客様にとっても社員にとっても、大義や意義のないことをやる意味はないと考えているので。無理に成果だけに固執する必要はないんです。

目標を達成した方がいいという前提はありつつ、無理に達成するのではなく、再現性や継続性のある方法論やノウハウを見出だすことを重要視しています。結局は自分たちの実力に合ったやり方でないと、長期的にうまくいきません。

だからこそ、必要に応じてその都度修正を行い、今後のための種まきや準備に注力する考え方を、会社全体で取り入れています。

仕事の進め方の基本としては、なんでも早くやることが原則であると考えています。有名な経営者の方もよく言っていますが、すぐやるのは誰にだってできること。能力なんて全く関係ない。そのため、弊社の行動指針として「すぐやる」ことを大事にしています。

やってみて駄目ならすぐに改善すればいい。

取り掛かるスピードが早ければ早いほど改善も早くなり、早く良い方向に向かうことができます。

先ほどお伝えしたように、すぐに取り掛かり変化に柔軟に対応するのは、即座に行動に落とし込んで、走りながら考えることを大事にしているから。結果を残す会社や人は、取り掛かるまでのスピードが間違いなく早いです。

社員column④

青森へのUターン事例　～地元に帰ってきた理由～

石川　渚

私は弘前市の大学を卒業後東京へ就職し、結婚と出産を経て現在は地元である弘前市に住んでいます。地元へ戻ってきた理由は、自分が生まれ育った町で子育てがしたいと思ったからです。

まず、地元ではなく東京へ就職した理由は二つあります。一つ目の理由は、青森県よりも東京の方が初任給が高い求人が多く、仕事の選択肢が多いと思ったためです。二つ目の理由は、東京に出ることで将来の選択肢が広がるのではという期待があったためです。社会に出るタイミングで地元への就職を選んでしまったら、今後県外へ出るきっかけがないのではないか、生きる世界を狭めてしまうのではないかと考えていました。正直上京することを選んだ時は、将来弘前市に戻ることはないかもしれないと思っていました。

結婚し、関東で子育てをしている中で弘前市に戻ることを考え始めたのは、一時期体を壊したことがきっかけでした。もし入院することになったら、当時まだ生後半年ほどの息子を誰が面倒を見るのか、という不安に襲われ、自分の親が近くにいたらどんなに心強いだろうと思うように。他にも、子育てをしていると誰かを頼りたくなる場面が、多々あります。また、毎週末の渋滞など、都会に住むストレスを感じていたことから、息子を都会で育てていく自信がありませんでした。次第に、自然あふれる場所でのびのびと育ってほしいと考えるようになりました。

引っ越しを考え始めた中で、どこに住みたいかを考えるようになり、夫の方から弘前市に引っ越そうと言ってくれました。丁度夫が転職を考えていたタイミングと重なり、転職活動と引っ越し先探しを開始。引っ越し先の家探しは関東に比べて家賃が安く、広い家に住めることもあり、すんなりと決められました。夫の転職活動は給与平均が低いことと選択肢の少なさから時間がかかりましたが、なんとか納得できる条件で仕事が決まりました。引っ越しを終え弘前市で生活する中で、自分の親が近くにいる安心感をもって子育てができており、自分が育った町の魅力を改めて感じています。

しかし、社会復帰を考えるようになって転職活動を始めると、仕事の選択肢の少なさに絶望しました。青森県の平均年収が47都道府県中ワースト1位であることは知っていましたが、想像していたよりも給与が低く、良い条件とは到底言えない求人ばかり。私も一度は東京へ出て戻ってきた身ではありますが、就職先として関東を選ぶ人の気持ちを思い知りました。

地元が好きでも仕事や収入のことを考えると、県外へ就職するしかないと考える人も多いのだと思います。実際、私の学生時代の友達も県外へ就職した人がほとんどです。そんな中、たまたま見つけた求人がとても魅力的で、もうここしかない、という思いで応募し、念願かなって今の職に就くことができました。

今、弘前市で子育てをしながら生活してみて感じることは、弘前市を含め青森県にはまだまだ知らない魅力があるということです。人の温かさや豊かな自然、美味しいものもたくさんあります。また、街を盛り上げようとしている若者もいます。「弘前なんて…」とあきらめて切り捨てるのではなく、「弘前に戻りたい」「弘前に住みたい」と思う人が増えるといいなと思います。

地方創生の
これまでと
これから

5

事業者をサポートする「青森県DX総合窓口」

ＤＸ化支援やコンサルティング、補助金を活用したサポートなど、青森県の企業へのコンサルティングに関しては、少しずつではありますが、着実に成果が出始めています。

第４章でも触れたように、最初は「コンサルティングって何をするんですか？」と理解されにくかったものの、直接お会いして丁寧に説明することで、弊社が取り組むコンサルティングについて理解していただけるようになりました。

今では民間企業だけでなく、青森県の事業も受託させていただいています。内容は「青森県ＤＸ総合窓口」という、青森県が窓口になって中小事業者の皆さんのビジネスの成長と業務効率化をサポートするための事業です。

デジタル技術を活用して市場拡大や新規顧客獲得を目指すことは、事業者の皆さんのチャンスを広げる手段となります。生産性の向上や地域資源の活用、顧客体験の向上など、ＩＴ技術を活用して、持続可能な次世代への挑戦をサポートしています。

「青森県ＤＸ総合窓口」では、各企業でＤＸを推進するため、ＤＸへの取り組みで先行している事業者の事例を発信しています。「売上拡大」「生産性の向上」「組織管理体制の強化」「付加価値の向上」の４つの観点から複数の事例を紹介していますので、気になる方はぜひサイトを覗いてみてください。この事業は２０２３年から始まり、今後継続的に、県内企業のＤＸ化支援を進めていく予定です。

日本総研が2022年10月に出した「データから見る都道府県別自治体DXの進展状況」によると、都道府県別基礎自治体のDXへの取り組み状況の偏差値は、青森県の偏差値は38・73で、全国44位の成績でした。「組織体制」「住民サービスの向上・高度化」「情報セキュリティ・デジタルデバイド対策」「デジタル・ガバメント実行計画」「マイナンバーカード交付率」の項目では偏差値が40を下回っている状況。データから分かるように、青森県内でのDX化推進は急務の課題となっています。

県をあげてDX化を進めていきたい青森県に対して、DX化推進を強みとしている弊社ができることはたくさんあると考えています。

県内企業もDX化を進めることによって、販路の拡大、売上の向上、新規事業の創出、生産性の向上といったことに注力してもらう。「青森県DX総合窓口」の利用をきっかけに、事業を伸ばしたり課題解決をしたりする事業者さんが増えることを願っています。

地域に根差したＷｅｂメディア「弘前Ｎａｖｉ」

K@daru Cafeでは、「弘前Ｎａｖｉ」という、弘前市をはじめとする津軽地域の観光情報を発信するＷｅｂメディアを一から立ち上げて運営しています。

「せっかく弘前に来たのに、どこに行けば良いか分からない」と悩む方に向けて、美味しい飲食店や一休みできるおしゃれなカフェ、疲れを癒せる温泉など、弘前周辺のおすすめスポットを紹介しています。

２０２３年1月からメディアを立ち上げ、ＰＶ数（ユーザーがページを閲覧した回数）は月平均40％の成長率で上昇。９月時点で、月間1万６０００ＰＶを獲得するメディアに成長しました。「迷ったらここ！」「弘前ＰＲ」「イベント情報」「まつり情報」「弘前での暮らし」とカテゴリーを分け、コンスタントに発信をし続けていることで、弘前市民にも県外の方々にも認知が広まっているのを実感しています。

現在では、このメディアを見て、企業や団体の方々からも「弘前Ｎａｖｉ」に対して問い合わせやお仕事の依頼・相談が来たりしています。企業へのコンサルティングだけでなく、運営中のメディアに関しても手応えや成果を感じている状況です。

「弘前Ｎａｖｉ」については、今後メディア内で提供できる内容を拡充したいと考えています。例えば、記事の中に動画を掲載して、もっと分かりやすく店舗やスポットを紹介できるように。文章や写真だけでは伝わりきらない弘前市の魅力を、動画を通して伝えていきたいと思っています。

また、将来的には「弘前Ｎａｖｉ」でメタバース観光ができるように準備を進めています。今は文字や写真が中心ですが、最終的にはバーチャル空間で買い物や旅館の予約ができるようにします。バーチャルだけで完結して観光を楽しむこともできつつ、バーチャルの中で弘前市のことを知って、実際に行きたいと思ってもらえる人も増やす想定です。バーチャルでもリアルでも体験ができる仕組み作りに、今取り組んでいます。

地域に根ざしたｗｅｂメディア「弘前Ｎａｖｉ」は、バーチャル観光事業を実現するための土台。今後は自治体とも連携しながら、メタバースを活用したバーチャル観光を実現していく予定です。

メタバースを活用したエンタメ作り

メタバースを使って事業を進めていく上で、メタバースの技術を提供している会社に調査を行ったところ、これまで実現した事例がないことや、ビジネスとして成り立たせた前例がないという返答がきました。

一般的な企業では、ここで「じゃあやめておこう」となってしまうかもしれませんが、弊社ではむしろ「誰もやっていないのであれば自分たちが突き抜けるチャンスだ。これはラッキーなことだ」となったのです。参入障壁がある分野で誰よりも早く結果を残せば、誰よりも早く世の中の役に立つことができる。改めて、メタバースを活用した事業を推進したいと感じました。

そうは言っても、メタバースの技術を形にしたものは既に存在しています。「アバターが歩き回っているのがメタバースでしょ」とイメージされる方も多いのですが、Googleマップのように、リアルな画像を見られるのもメタバースの一種。既に存在している技術を活用して、自宅にいながら弘前市のリアルな映像を見られるバーチャルの世界を実現しようと計画しています。

また前述のリンゴミュージックとの取り組みでは、国内外どこにいてもリアルな画像でライブ体験ができるような、バーチャルライブも実現していきたいと思っています。ダンス&ボーカルユニット「りんご娘」は、2023

年8月に開催された日本最大のアイドルイベント「TOKYO IDOL FESTIVAL（TIF）2023全国選抜LIVE」で優勝し、今まで以上に注目が集まっているアイドル。代表の樋川さんとは、バーチャル技術を使った今後の展開についても話をしています。

りんご娘のファンが増えることで、青森県のことを知ったり好きになったりする方が増えることを期待しています。

メンバーはそれぞれりんごの品種名で活動しているため、りんご娘の活動を通して、りんごの種類を知ることもあるでしょう。エンターテイメントは、地方創生を進める上でも重要な役割を担うと思っています。

さらに、前章でもお伝えしたように、今後は「街のテーマパーク化」を推進したいと考えています。シャッターが下りて閑散としている商店街や建物が取り壊されて駐車場になっている土地を活用し、みんなを楽しませる施設を作りたい。地元に住む人だけでなく、旅行で青森に来る人にも楽しんでもらい「来て良かった」と心から思える街づくりをしていきたいと思っています。

青森県や弘前市で認知が広まった要因

２０２１年の12月にK@daru Cafeをオープンしてから本当に様々な方々にお会いしました。最初はもちろん誰も自分たちのことを知らない状況でしたが、徐々に弊社のことを知っている方々が増えてきた実感があります。

青森県や弘前市の方々に弊社を知ってもらえた要因としては、会うたびにコンサルティングや「青森県ＤＸ総合窓口」「弘前Ｎａｖｉ」の状況について「今はこんなことをやっています」と発信し続けたことが大きく影響していると考えています。発信や報告をすることで、その方たちが、それぞれの仕事場に戻った時に仲間に共有してくださるんです。

自分たちから発信をして共有してもらうことを繰り返していくと、直接知り合いではない方々からも「この件について話を聞かせてほしい」と相談していただく機会が増えるようになりました。

今では、私たちが市役所に出向くこともあれば、市役所の方から弊社に来ていただくことも増え、お互いに情報交換をしながら良好な関係を築かせていただいています。これは地方創生に限った話ではありませんが、相手の立場に立って物事を考えたりこちらの都合を押し付けたりしないことが何より重要。相手の話をよく聞くことが、良好な関係に繋がると考えています。

県や市の方からお声がけいただき事業に参加できるようになったのは、今まで取り組んできたことが評価されてのことだと思います。

今後大切なのは、期待を裏切らないこと。ＩＴやＤＸで困っている方々を助け続け、弊社に期待していただいている方の思いに応えていきたいと考えています。

まだまだ道半ばですが、一歩ずつ着実に前進している感覚があります。

雇用の創出に向けた取り組み

雇用の創出こそが、地方創生の最大のテーマ。雇用の創出を起点とすることで、若者の都心への流出を防ぎ、若者が未来を支える産業を生み出し、税収を上げることが可能となります。

そして、雇用の創出を行うためには「①都心並みの所得を実現すること」「②将来性のある産業への取り組み」「③都心の持つ暮らしやすさや利便性」を実現することが必要不可欠。また、関係人口を増やすことや、Uターンならびに I ターン者を呼び込む相乗効果が期待できます。

ということを、本書の中では繰り返しお伝えしてきました。

雇用の創出に関して、今まではUターン者やIターン者を中心に中途採用を進めてきましたが、最近では地元の学生から「ストラテジーテックコンサルティングに入社したい！」と問い合わせをもらうようになり、地元の学生を採用できる見込みが立ってきました。また、弘前大学の学生をインターン生として受け入れ、実際に会社で行うコンサルティング業務やその他の業務についても既に取り組んでもらっています。

学生からの申し込みが増えたのは、青森県内での弊社の認知度が上がってきたことと比例していると考えています。直近の1、2年で大学への講演活動や就職セミナーへの参加などを繰り返し行ってきたことが、学生への認知度を上げることに繋がったのだと思います。その他にも、社員がラジオに出演したりテレビに出演したりするなど、積極的にメディアでの発信活動を行っています。

また、りんご娘さんを起用して放送している東北テレビCM「ともに作ろう、東北のミライ」も弊社の認知度向上を目的に行っています。学生に届けるのはもちろんのこと、親御さんにも弊社を知ってもらいたいと考えています。

メディアを通して会社の存在を知ってもらえれば、地元の学生にも情報が届く確率が高まります。

実際、弊社に興味を持ってくれた学生に話を聞くと、多くの方がCMを見たと話してくれました。コワーキングスペース「Kadaru@Cafe」を利用してくれている高校生や大学生にも聞いたところ、一定の割合で学生が見てくれていることが分かりました。

現時点（2023年10月）ではCMを流し始めて数ヶ月しか経過していませんが、着実に成果を感じています。メディアを活用した情報発信は今後も積極的に取り組む予定であり、「東北で300人を雇用する」という大きな目標に向けて、採用活動を行っていきたいと思います。

IT技術を活用して事業承継問題を解消したい

その他、農業にもIT技術を活用していきたいと考えています。全ての軸になるのは、事業承継や後継者の問題です。農業は後継者問題や気候変動の問題の影響を大きく受けている分野です。2023年の夏は9月に入っても30℃を超えるような暑い夏で、各地で異変が起きているようです。

先日、秋田県に行ってきたのですが、気温が高いことが影響し、お米の生育に大きな影響が出ていました。急な雨によっていろいろなものが流されたり冠水したり、農作物を栽培することが年々難しくなってきている状況です。このまま異常気象が続けば、農作物の栽培が今以上に難しくなるでしょう。

農作物の栽培が難しくなると、農家の収入が減り農家としての活動を維持することも困難になってしまいます。するとどうなるか。

「農業をやりたい！」と思う担い手が少なくなり、農業に携わる人口も減ってしまう可能性が考えられます。

そうならないためにも、気温管理ができたり雨風をしのげたりできるような、天候に左右されない環境作りに着手する必要があります。青森県は、産出額が東北の中で第一位を誇る農業が発展している県。

農業が盛んに行われているからこそ、農業にＩＴ技術を掛け合わせることで、農業に携わる方々の課題を解決できると考えています。

ＩＴを使って気温管理を行ったり肥料をドローンでまいたりするなど、

農業にＩＴ技術を掛け合わせた事例は全国にもあります。事例も参考にしながら、事業承継や後継者問題で悩む企業に貢献していきたいと考えています。

さらに、弊社の技術を活用して、社会課題となっている空き家問題の解消に取り組む構想も練っています。人口減少に伴い生まれた廃校や空き家を活用することで、農業を行う環境作りができるんじゃないかと考えているのです。

例えば、テクノロジーを用いた上で廃校の体育館を使えば、雨風をしのげて気温の管理もできて、環境もコントロールしやすい。農業を行うための条件が整うことになります。

ＩＴ技術を活用することによって、農業の問題や事業承継問題、空き家問題の解決を行うことが可能になる。

そのため、弊社では今後農業分野への本格的な参入を考えています。既に山梨県で有機栽培を行っていた栽培ノウハウを持つ人材を採用し、農業分野への進出準備を着実に進めています。自治体の方々とも上手く連携をとり、地域で巻き起こる問題をＩＴ技術で解決していきたいと考えています。

青森県の発展を願う仲間たちの存在

弘前市で仕事をさせていただくようになってから実感したのですが、全国各地で活躍する弘前市出身の方々はたくさんいらっしゃいます。俳優やアナウンサー、お笑い芸人など、弘前市出身の芸能人の方がいることや、地元のために何か貢献したいと動いている方を見て、同郷の方の活躍が刺激になっています。ますます私も地元のために貢献したいと思うようになりました。

弘前市出身の多くの人が地元に貢献したいと思うのは、地元が好きという大前提がありつつ、地元に危機感を抱いているからだと思います。第2章でもデータを使ってご紹介したように、人口減少や少子高齢化が進む青森県の状況を見て「自分が何とかしないといけない」と考えている人が多いのでしょう。

各章末で紹介しているコラムを見ても、みんな地元そのものを愛している人ばかり。地元のために貢献したいという、同じ志を持っていることが嬉しいです。

私は最近、地元紙の「陸奥新報」で「望遠郷」というコラムを書き始めました。青森県出身で現在東京に出て活動している人が、自分の考えや思いを書くコラムです。

テーマは自由に与えていただいていますが、地方創生に取り組む中での気付きや学びを書かせていただいています。

地方創生に取り組んだり青森県や弘前市を盛り上げたりしようと思っても、私一人だけではできることに限界があります。

次章以降で紹介させていただく方々は、私や弊社の活動を支えてくださっている大事な仲間のみなさんです。

思いを持った方々が、地元愛を持ち地方の課題に対して取り組むことで、想像以上の成果を生むことが可能になります。今後もお力添えいただける方々の存在に感謝しながら、地方創生を進めていきたいと思います。

共に青森、東北の地方創生に取り組む方たちの声

6

有限会社リンゴミュージック
代表取締役社長　樋川新一さん

自動車屋の二代目として弘前市にUターン

実は、三浦さんには私から興味を持って声をかけさせていただきました。以前から知り合いだった方がストラテジーテック・コンサルティングさんへ転職されることになり、そこで初めて青森にＩＴコンサルティングを行う会社の存在を知ったんです。

話を聞くと、私の実家から川一本隔てた場所のご出身ということが分かり、親近感が湧きました。また、東京で一から立ち上げた会社に参加し、最後は故郷に恩返しをするという志が本当に素晴らしいなと。話を聞くほどに直接ご本人と話がしてみたいと思い、紹介していただきました。

実は、私の本業は車の販売整備などを行なっている自動車屋です。

元々、就職を考えていた時にはテレビ局に行きたかった。しかしながら、都内の大手テレビ局を数社受けたものの、全部一次試験で落ち、テレビ局は断念。

また、運の悪いことに私が就職活動をしていたのはバブル崩壊の翌年だったため、就職すること自体が困難な状況でした。就職浪人だけはまずいということになり、自動車業界を中心に受けることに。奇跡的に日産自動車に受かり、自動車業界へ就職しました。

テレビ局を目指していたのは、エンタメに関わりたかったからです。

日産に受かってからもエンタメに関わりたいという思いは強く、日産の宣伝部への配属や異動を希望していました。しかし、入社から数年経っても、大企業であるが故に希望する部署で働くことはできませんでした。

時間が経つにつれ、大企業で自分の好きなことができないことが分かり退職することに。

父が元気なうちに一緒に仕事をしたい、と父に頭を下げて弘前市に戻ってきました。父は中卒で整備工場から自動車屋を始め、地元では信頼のある会社にまで成長させた人です。

父からは「跡を継いでほしい」と言われたことはありませんでしたが、結果的に継ぐことになりました。

私が就職以来、ディーラーで飛び込みセールスをしていた経験や日産でやってきたことは、ある意味地元に戻るための修行だったのかもしれません。

自動車屋として仕事をしてきましたが、エンタメに関わりたいという思いは消えませんでした。

人を笑顔にして喜ばせたり感動で泣かせたり、人を元気にするのが昔から好きで、自分の得意なことだということも知っていたんですよね。

ただ、今思えば最初からテレビ局へ行かなくて良かったなと思っています。テレビ局で働いていたら、ものすごい狭い世界で一局しか見れないし、一般消費者の気持ちをなかなか理解することができません。

一方、自動車屋として農家をはじめとする一般消費者と関わってきたことで、広い視野を持ってエンタメを捉えられるようになりました。順番的に、エンタメに関わる前に自動車屋として地元の人たちと関われたのが良かったと思います。現在は、青森県での仕事はもちろんのこと、全てのテレビ局やメディアにも出入りすることができました。

あらゆる大手広告代理店とも仕事をさせていただき、結果的に、広い世界のエンタメに触れながら仕事をさせてもらっています。遠回りしながらも、ずっとやりたかったことが今やれている状態です。

地域にプラスの影響を与えるために芸能の道へ

弘前市にUターンした当初、馴染みの商店街がシャッター街になったり人口減少が進んでいたりする状況を目の当たりにし「このままでは地方が本当に終わってしまう」と危機感を抱いたのを覚えています。特に、若い人たちが都会に出てしまい、地元に帰って来ないことを問題視していました。

青森県で楽しいことをしながら若い人たちと街おこしができないか。今で言う地方活性化を考えたときに思い浮かんだのが、芸能の道でした。音楽や歌などの芸能の場合、小さい子からお年寄りまで参加しやすいと考えたからです。芸能に関する何かを仕掛けようとしたものの、私は芸能に関して全くの素人。何からやればいいのかも分からなかったため、有志を募って、月謝無料の「弘前アクターズスクールプロジェクト」を立ち上げました。

いくつかグループを作った中で、一番メインで今も続いてるのが、地方アイドルと呼ばれる「りんご娘」というアイドルグループ。今もアクターズスクールには小学校3年生から大学生までが在籍しており、毎年子どもたちを少しずつ受け入れながら拡大しています。

田舎にいながらも芸能ができるという土台や環境を作ったものの、アクターズスクールは月謝無料で運営しているため、別の形で収益を上げなければ運営を継続できません。そこで、2005年に「有限会社リンゴミュージック」を設立し、会社として運営することにしました。事業としては、アイドルのマネジメントや著作権管理業務、イベント企画をはじめとして、民間企業のテレビCMやラジオCM、PR動画の制作などをしています。また、クライアントのブランディングを行うなど、広告代理店のような業務も行っています。

私がボランティアでアイドルグループを立ち上げたのが、2000年。当時は「地方アイドル」の言葉すらありませんでした。本当のところは、一番最初に三味線プレイヤーを発掘しようと思っていたんです。弘前市も含まれる津軽エリアは、津軽三味線のメッカ（特別な場所）でありながら、誰もスタープレイヤーがいませんでした。このままの状態だと、衰退してしまうと思ったんです。

津軽三味線とユーロビートを組み合わせて楽曲を作ったり、クラブでDJを入れてパラパラユニットを作ったり。津軽三味線を軸にいろんな仕掛けをやりました。ただ、三味線や民謡の世界はターゲットの幅が狭くて。若い世代にも楽しんでもらうという意味では、狙いと少し違っていました。

2000年代と言えば、モーニング娘。が国民的アイドルだった時代。小さい子から大人まで皆大好きで、ワクワクしていました。モーニング娘。に熱狂する人たちを見て、アイドルには広いターゲット層を楽しませる力があることを学び、小さい子もお年寄りも一緒になって楽しめ、地域にプラスの影響を与えられるアイドルグループを作ることにしました。

バッシングから賞賛へ

私の場合、最初から芸能の会社を作るつもりではありませんでした。車の仕事を一生懸命やって生計を立て、自分の私財を投入して、ずっとボランティアでやってきました。ボランティアで行動し始めたのは、できることからやりたかったから。お金がなくても、自分の思いを伝えてスタッフを集めてきました。私自身、芸能に関しては素人なので、コンセプトを仲間と一緒に考えましたし、アイドルの曲は後輩に作ってもらいました。

衣装に関しては、駅前の洋服屋の店長を紹介してもらい、売れ残りの服や季節外れの服を段ボールで年に何回かもらって、そこから衣装を選んでいました。ジャケット写真やポスター写真は、お金がないから地元の写真屋の先輩に出世払いでお願いして。ダンスも振り付けもタダでできる人を探しました。

とにかく、お金をかけなくてもできるところからスタートしようよと。お金や道具など、揃うまで待っていたら、多分一生やらないと思うんですよね。周りに声をかけてできることから無理なくスタート。格好つけずに泥臭く始めました。

アイドル活動に力を入れ始めた当初、周りからはいろんな声をいただきました。「青森でアイドルなんかできるわけない」とか「アイドルのプロデュースをするなんて、ロリコンじゃねえか」「若い子たちを騙して金儲けをするのか」とか、誹謗中傷の嵐でしたね。あと一番辛かったのは、教育委員会の対応です。

私の同級生や先輩には先生が多く、弘前の教育委員会では怪しまれていることを聞いていました。「弘前アクターズスクールプロジェクトでアイドルの育成と芸能スクールをやっているけど、怪しいから気をつけて」というお触れが出ていたみたいです。しかしながら、バッシングを受け続けた私が、今では学校の先生方に最も講演を頼まれているんです。面白いものですよね。

地元の人たちの目線が変わったのも、とにかく続けたからです。

最初は冷ややかな目で見られていましたし「どうせ終わるだろう」と言われていました。ですが、20年以上続けていると「よくここまでやり続けたな」という声に変わっていったんです。私たちの取り組みに関心を持ってもらったり、感動をもらっていると言ってくれる人が増えていきました。財力も人脈もない、芸能に関しては素人だった人間が一からスタートして、王林など全国区のタレントを輩出できたのは、地域の人たちへの希望に変わったと思います。若い人からお年寄りまで「青森でもできるんだと、勇気をもらいました」という声をいただけるのが、嬉しいですね。

エンタメを通して生き様や生きがいを発信したい

普段から自動車屋での仕事を通じて、幅広い人たちの生活感や所得、大事にしている価値観について触れてきました。朝から晩まで身を粉にして働く農家の大変さや、青森のりんごの美味しさは農家の頑張りによるものということも知っています。だからこそ、りんご農家をハッピーにさせたいという思いがあるんです。

先日も統計が発表され、東北における一次産業の市町村別売上高ランキング一位は、弘前市のりんごでした。つまり、りんごは弘前市に住む人たちを支えるフルーツであるということです。りんごが売れなければ、私たち自動車屋も儲かりません。青森県は一次産業王国であり、一次産業が青森県を支えています。

実は「リンゴミュージック」という名前の会社を作って「りんご娘」というアイドル名にしたのも、りんご産業のおかげでご飯を食べさせてもらっているという先祖代々の感謝の印から。フルーツを食べなくなっている子どもがいる中で、いかにりんごを食べてもらえるか。今後将来を担う子どもたちのためにも、りんご娘がりんごの普及活動をするのは、大きな意味があると考えています。

頑張っているのに報われない人や良いものは作るのに売り方や宣伝が苦手な人など、いろんな人たちを見てきました。だからこそ、見せ方やブランディングのお手伝いをリンゴミュージックがサポートできたらと思っています。具体的には、りんご娘の「0と1の世界」という歌は、一次産業に携わる人を応援するための歌です。エンタメを通して発信することで、新たな出会いに繋げていく。「りんご産業っていいんだな」とか「りんご農家になりたいな」とか、りんご娘やリンゴミュージックとの出会いから前向きな未来に繋がることをイメージしてプロデュースしています。今は「ライスボール」というグループを立ち上げ、全国のお米農家さんを救えるよう、1曲1曲を大事にしながら新曲を出しています。

20年以上エンタメ事業を展開してきたことで、農業に携わるファンも増えてきました。農業をしている若い夫婦やコンサートに来てくださるファンがいらっしゃるのを見て、続けてきて良かったなと思います。

農家の方には仕事を楽しんでもらいたいんですよね。一次産業って、何となく地味で毎日淡々と変化がないようなイメージが、どうしても出てしまいがち。刺激が少ない世界にワクワク感や夢を与えたい。農業やりんご産業を取り上げて、歌やドラマの主人公にしたいという思いがあるんです。

「彼の軽トラに乗って」や「0と1の世界」もそんな思いから生まれた歌です。エンタメを通して、一次産業に関わる人の生き様や生きがいを発信したい。人間一人ひとりがドラマの主人公だと思っているので、必要性や存在意義、価値観などを伝えていきたいのです。生まれる前に全部自分の筋書きというか、ストーリーを決めて生まれてきてると思っているので。だったら、ワクワクできる彩のある花を添えてあげたい。そのために、歌や映像、音楽など、今後もいろんなものに挑戦しようと思っています。

新たなアイドルの形

2000年から芸能に関して無知のままやってきましたが、苦労の連続でした。〝人〟が商品である芸能は本当に大変。例えば車の場合、質の良い商品を販売して点検を行い、丁寧なアフターサービスを行えば、継続的にお客様はついてきてくれます。一方、芸能の場合は人が商品であるため、大人の思い通りにならないことも多いです。途中で辞めることもあるし、心変わりすることもある。家庭や学校の都合でメンタルが落ち込むことも多々あります。タレントはケアが大変なんです。

そのため、2005年ぐらいで、考え方を見直しました。

リアルのりんご娘は続けて、代々世襲制度にしようと。地元の地域の子どもたちに代々世襲制で交代していきながら、東京に行かなくてもアイドルができる場を用意する。

これを実現するためには、バーチャルを用意する必要があると痛感しました。リアルとバーチャルの融合。私の次の構想は、メタバース上でりんご娘を展開すること。弘前市に来れなくても、メタバース上でりんご娘の存在を知ってもらうことが可能になります。日本でナンバーワンのリンゴの産地、リンゴの歌姫、アイドルがいるんだということを、日本だけでなく海外の人に知ってもらいたい。

バーチャルの中でのライブやコミュニティを通じて、リアルの青森県弘前市に来たいと思ってもらえれば嬉しいです。

また、りんご娘ではないですが、りんごの歌姫を原作とした世界に配信するアニメを制作したいという思いもあります。

ピクサーみたいな会社を弘前市に作りたいのです。

なぜ、アニメ産業を作りたいのかというと、雇用が生まれるから。例えばアニメーターやイラストレーター、声優、シナリオライターなども必要になりますし、音楽も使うのでミュージシャンの存在も必要不可欠。仮にですが、ピクサーが弘前市に移転したとしましょう。その場合、とんでもない産業が生まれることになります。世界を相手にどんどんアニメを配信するトップクリエイターが、家族を連れて弘前に移住してきたら最高ですよね。世界の優秀なクリエイターたちを家賃も生活費も安い青森に集め、アニメや音楽の産業基地にしたいんです。

ＩＴを活用して街の魅力を発信

三浦社長からいろんなビジョンを聞き、衰退していく私たちの故郷を何とかしたいという思いで、パートナーシップを結びました。

青森県は全国の中でも所得が低く、短命、そして自殺率が高く、衰退の一途をたどっている県です。そんな県を地元に持つ私がエンタメをやっている一番の目的は、若い人がもう一度戻ってきたいと思う街を作ること。

自然や文化、祭りなど、青森には宝の山がたくさん眠っているのに、伝えるべき人に伝わっていないのが現状です。私自身、エンタメやメディアに関わる人間として、青森の良いものを発信していく必要があります。「人を増やして産業を起こす」という意味では、三浦社長が掲げる〝ＩＴ人材の創出〟は、同じ志を持っていると感じました。

優秀な若者たちは青森を出てしまうことがほとんど。実際、私の仲間や同級生も優秀な人間ほど青森県には戻ってきていません。自分が求める収入を得られる会社やスキルを活かせる会社がないから、戻りたくても戻れないんですよね。人口流出と働く場所の問題は密接に関わっていると考えています。

人口流出を防ぐ意味でも、これからの時代に必要なＩＴ分野を青森で展開することは、大きな意味があります。仕事が生まれれば、地元の人が働くだけでなく、ＵターンやＩターンをする人も増える。仕事を担保できれば、暮らしの部分に関しては自信があります。四季それぞれの景色は素晴らしいですし、食料自給率も１００％を超えている。自然豊かで食べ物も美味しく、祭りもたくさんある。青森県は人間らしい生活ができる、最高の場所だと思います。

ある意味、青森県はアナログの部分を全部持っています。あと足りないのは、デジタルの部分。リモートワークも普及したからこそ、雇用が生まれやすい状況にもなりました。三浦社長の話を聞いて、弊社もＩＴの部分で支援していただきながら、地元の魅力を一緒に発信していきたいと考えています。青森県や弘前市、東北の魅力を全国の人、ひいては地元の人に「こんなに素敵な場所はないんだ」ということを伝えていきたいです。

青森県のために会社を経営し続ける

もし青森県で起業を考えている方がいらっしゃるのであれば、私の人脈を全力で差し上げます。例えば、Uターンをした人の場合、長らく故郷を離れている分、人脈の部分に不安があると思います。いろんなスキルをお持ちでも、人間関係の部分で難しさを感じる部分があるでしょう。経営は自分で何とかできる部分もありますが、他人が演出してくれるものだと思いますし、人間関係が大事になります。だからこそ、私と同じような志を持っている仲間を紹介させていただき、起業が成功するように全力で応援します。本当に何か相談に乗れることがあれば、ぜひ声を掛けてもらいたいです。

起業するときに一番大事なのは、目的だと考えています。会社でいう企業理念の部分。なぜ自分が作る会社が、この場所に必要なのか。どうやって儲けるかを考える前に世の中から必要とされるかどうか、企業理念をきちんと作ることが大事です。実際、ボランティアで事業を立ち上げる前に「なぜ自分が芸能プロジェクトをやるのか」について考えをまとめました。一週間考え抜き、Ａ４用紙にビッチリ書き込みました。現在のホームページにも理念を記載していますが、20年以上経った今も思いは変わりません。

会社を経営する目的は青森県のため。青森県の人たちの役に立ちたい、元気にしたい、笑顔にしたいという理念は、最初からブレていません。事業をやる動機が明確だからやり続けられるのです。動機がお金儲けでは事業自体がブレるし、協力者もあまり集まらない。起業をする上では、半永久的にブレない理念を決めるのが重要だと考えています。

理念の浸透を実感

今、非常にありがたいなと感じるのは、リンゴミュージックのファンが増えていること。それぞれのグループを応援してくださるだけでなく、リンゴミュージックの理念「青森県に生きる、ヒト、モノ、コトをユーモアと情熱でプロデュース」に共感したファンのみなさんが〝箱推し〟をしてくださっています。

青森県に生まれたご縁を活かして、地域だけじゃなくて地球全体の全人類を幸せにしたいというのが私の理念。思いがやっと浸透してきたという感覚があります。

ただアイドルが好きというわけではなくて、リンゴミュージックの未来や姿勢に期待してくださっているんです。地域の人たちに寄り添って、何か夢を与えてくれそうだとワクワクしてくださっている。私たちの理念に共感した熱い思いを持ったファンの方が増えているのが嬉しいです。

また、弊社に就職したいと言ってくれる若い子たちもときどき来ます。「リンゴミュージックで求人を出されていませんか」と問い合わせが来たり、履歴書が送られてきたり。求人は全然出していないんですけどね。若い子たちが応募してくれるのも、地域が面白くなっているから。Uターンも含めて、東京から移住する人も増えています。

「一緒にリンゴミュージックがやっている仕事をやりたい」「地域の人たちを元気にしたい」と思ってもらえるのは嬉しいこと。熱狂的なファンの中には青森県へ移住する人もいます。給料の多くを交通費やグッズに費やして、毎週末のコンサートに行くのを考えると、移住してしまった方が楽だと考える人もいます。また、話を聞いた人の中には、大手企業で転勤族だとリンゴミュージックのライブへ行けないため、青森県への転勤希望を出してやっと青森県へ来た人もいました。転勤すれば、頻繁にライブを見に行けるし、直接応援できると喜ばれています。

現在は20年以上私が目指してきた姿に、少しずつ近づいている感覚があります。ここからはＩＴの部分で三浦さんと協力関係を結び、さらに加速していきたい。私たちのことを応援したいと思ってくださる方と一緒に、この先も青森のために活動していきます。

デジタルイノベーションセンター弘前
Kadaru@Cafe HIROSAKI 運営責任者　石郷岡 一平さん

移住の経緯と地元に対する思い

２０１６年４月、高校卒業後８年間過ごした関東から、生まれ育った地元、青森県弘前市にＵターン移住しました。

私には、同郷の妻と当時２歳になったばかりの子どもがいたため、一家での移住です。移住を決めた理由は様々ありましたが、なかでも大きかったのは「東京でこのまま老いる自分を想像できなかったこと」です。

大学卒業後、ＳＥ（システムエンジニア）として都内で働いていた私は、特に仕事や給与に不満はなく、充実したサラリーマン人生を送ることができていました。

仕事にやりがいを感じており一生懸命働いていましたし、残業はあっても休日は家族と楽しく過ごす時間があり、たまの長期休暇には家族で旅行に出かけるという、ごく普通のサラリーマン一家でした。

当時は私も妻も現状に満足していたと思います。また、私には勤めている会社で活躍し出世したいという思いもあり、会社を辞めることを考えたことはありませんでした。

それがなぜ、会社を辞め、一家で移住する道を選んだのか。そのきっかけは休日に妻と会話している中で出た一言でした。

「私たちいつまでここ（関東）にいるんだろう？」という妻からの質問。すぐさま「ずっとだよ」と返した私でしたが、内心は「あれ、いつまで関東に住むんだろう？」と疑問を持つようになりました。

それからは悶々とした日々を過ごし、次第にこれからの私たち家族の未来や、地元にいる両親のことを思うように。日を追うごとに「地元に帰りたい」という思いが二人の中で高まっていきました。しかし、すぐに地元への移住を決められたわけではありません。実際に移住を考え始めてから移住するまでは1年半ほど時間がかかりました。

移住までに時間がかかったのは「職」の問題があったからです。

当時SEとしてのキャリアを積みたいと考えていた私は、妻との会話から、すぐ転職サイトに登録し、青森県弘前市の求人を見ました。しかし、すぐさま現実を突きつけられ、移住が一筋縄ではいかないことを思い知らされました。なぜなら、システムエンジニアの求人がほとんどといっていいほど無かったのです。数少ない求人を見ても、業務内容や待遇面から、これまで培ってきた技術を活かせる「自分のやりたいことがやれる仕事」や「一家を養っていけるだけの待遇」といった条件を満たす求人が見つかりませんでした。

何度も何度も転職サイトの求人を見ましたが、なかなか職は見つかりません。試しに応募しようと思える職すらも見つからない状況。地元に帰るのは難しいかもしれないと何度も思いました。紆余曲折があり、結果的に、私の場合は縁あって地元で納得できる職を見つけることができたため、地元である青森県弘前市にUターン移住することができました。しかし、私と同じ悩みを抱え、職が見つからず移住を断念した方々は、きっと大勢いることでしょう。移住には「職」が大事であると痛感させられた経験でした。

厚生労働省が発表した令和2年賃金構造基本統計調査の都道府県別にみた賃金では、青森県が全国ワーストトップの24・5万円／月となっていました。また、都道府県別に見た情報通信業に従事する人口を見ても、青森県は下から数えた方が早いという結果になっています。現在であれば地方への移住を後押しする「あおもり暮らし」のようなポータルサイトがありますが、当時は移住に関する情報を収集しようとすると、青森県や弘前市の東京事務所に連絡をし、お話を聞いたり求人を検索したりといったことが必要で、移住に対するサポート体制もあまり整っていませんでした。

幸いなことに、移住したいと考える人のサポートはここ数年急激に整ってきているという実感があります。

「地方創生」や「地方移住」を合言葉に、どの自治体も移住者を増やすためのサポート体制を作っています。ただし、移住を決断するには、家族を養うための「職」が必要不可欠です。この「職」がなければ、どんなに移住のサポートが手厚くても移住者は増えるはずがありません。

2016年4月にUターン移住をして7年が経ちました。転職直後は、自分で納得して職を決めたとはいえ、前職から年収がガクッと下がったことで生活には少し苦労しました。

しかし、家族と過ごす時間の増加、満員電車に揺られない生活、親や兄弟が近くにいる安心感、何よりも自分が生まれ育った地方で生きていけるというのは、何にも代えられない大きな喜びです。個人的にはUターン移住をして生活の質は間違いなく高まりました。心の底から、移住して良かったと感じています。

2021年11月「青森県弘前市をデジタルシティーへ。IT人材が活躍する街―デジタル複合施設立ち上げのためのクラウドファンディング」がクラウドファンディングサイトにて立ち上がりました。

弘前市でITエンジニアとして働いていた私が初めてこのクラウドファンディングを見た時「とんでもないことを弘前で実現しようとしている人たちがいる！」と感情が揺さぶられたことを覚えています。

その後、紆余曲折があり、私はプロジェクトを立ち上げたストラテジーテック・コンサルティングに転職することになりました。

転職を決めた際、日ごろお世話になった同僚や友人、付き合いのある方々にそのことを報告しました。

「頑張ってね」と声をかけてくれた人が大半でしたが、なかには「良いことばかり言って騙されているんじゃないか」とか「そんなことを弘前でできるはずがない」と否定的な意見を親切心から言ってくださる方もいました。

ある経営者の方には「これまでずっと青森や弘前を見てきた。知事や市長は威勢の良いことを言うが地方は疲弊したまま。人口は減り給料も上がらない。もうどうにもならない。青森や弘前には未来がない。そんな中、このプロジェクトで青森や弘前がどうにかできるとは思えない。君は騙されているんだよ」とまで言われました。

ここまで言われても私の転職に対する決意は揺らぎませんでしたが、なぜこうも自分の住む場所に未来がないとまで言ってしまったのか、その理由を知りたくなり「なぜ、青森や弘前に未来がないと言い切れるんですか？」と質問しました。するとこんな言葉が返ってきました。

「今までいろいろ威勢の良いことを言う人を見てきたが、結局何も成し遂げられなかった。そういう人に騙されたこともある。私はもう、地方がこれから良くなることなんて諦めている。若い人たちは可哀想だと思うよ」

この方の言葉を聞いた時、とてもショックを受けたことを覚えています。自分の住む場所の未来を諦めていること、そうまで思っていても何も行動しないこと、自分より下の世代に未来を丸投げしているように感じたことが理由です。この方は氷山の一角で、このように思っている人たちは大勢いるんだろうと思います。

地方創生について、別の経営者の方にお話を伺う機会がありました。その

方は、

「今でこそ地方を元気にするための活動を行っているが、最初は自分が食べていくことで精一杯だった。地方創生的な活動もしてはいるが、あくまでも自分や企業の強みを活かす企業活動の一環。自分たちの活動が結果的に地方を盛り上げていくことに繋がれば嬉しい」「人は他人の利益のためには動かない。企業としての思いや願いといったものにいかに共感し、自分事と思ってもらえるかが事業にとっても必要なのでは」

と話されていました。また「事業にとって大事なのは、〝どこ〟で事業を行うかだ。地域に住む人々に、なぜこの場所で事業を行うのか、その結果何が地方に生まれるのかを、説明すること。納得のできる説明ができなければ地元の人の理解は得られないし共感も生まれない」と言われました。

現役で活躍する経営者の飾りのない本音の言葉から、地方創生のヒントを教えてもらった気がします。

私には二人の子どもがいます。二人の子どもが成長した時、自分が育った地域を希望で溢れた地方に、そして、誇りに思ってもらえる地域にしたい。前々からうっすらと感じていた思いが、転職をきっかけに強く感じるようになりました。そのためには、下の世代に責任を丸投げせず、現役世代である我々が行動し挑戦し続けなければなりません。

青森や弘前には、いろいろな分野で挑戦し続けている人が大勢いらっしゃいます。きっと、それぞれが様々な壁にぶつかり、もがき、それでも歯を食いしばって壁を乗り越えて挑戦し続けているんだろうと思います。私も「青森県弘前市をデジタルシティーへ。ＩＴ人材が活躍する街」を実現するため、挑戦し続けていきます。

現在、私は「弘前市をデジタルイノベーションシティに」という合言葉の下、弘前市で雇用の受け皿を作り上げ、地元で働きたい人が地元で働くことができ、東京とも遜色のない所得をＩＴ分野で実現することを目的とした「デジタルイノベーションセンター 弘前 Kadaru@Cafe HIROSAKI」で働いています。

移住を考えるにあたって、当時の私と同じ悩みを抱えている人は、きっと大勢いることでしょう。また、現在地方への移住を考えていない人も、地方での雇用が増えれば移住を考えるきっかけになるかもしれません。

「デジタルイノベーションセンター 弘前 Kadaru@Cafe HIROSAKI」での活動を通じて、地方への移住を考えている方々の後押しをするべく、日々邁進してまいります。

弘前市を訪れる機会がありましたら、ぜひお立ち寄りください。心よりお待ちしております。

ＡＯＩＴ（あおもりＩＴ活用サポートセンター）本田政邦様

問1：ＡＯＩＴで行われている事業内容と、本田様がそこに参画するに至った経緯をお聞かせください。

ＮＰＯ法人あおもりＩＴ活用サポートセンター（以下、ＡＯＩＴ）は、青森県民のＩＴリテラシー向上を目指し、様々な事業に取り組んでいます。具体的には、県内企業のＤＸ支援、女性リモートワーカーの育成と輩出、ＩＴ人材のＵＩＪターン支援、コワーキングスペースの運営、障害者向けのデジタル技術利活用支援、ｅスポーツ大会の運営など、ＩＴリテラシー向上に繋がる活動を網羅的に行っています。

ＡＯＩＴは２０１２年に青森県の「ＩＴ活用サポーター活動事業」をきっかけに設立されました。設立当初は、地域の秋祭りでタブレット体験コーナーを出展することで、県民とＩＣＴの接点を作るなど、地道な草の根活動が主体でした。私は2013年に青森にUターンし、その際にAO-ITに参画することとなりました。

問2：東京での9年から青森にUターンされた際の率直な印象をお聞かせください。

2013年に親の体調が急変し、私は東京から青森へと急遽Uターンすることとなりました。長らく東京の人材業界で働いてきましたが、未来を慎重に計画するような時間もなく退職し、青森で新たな職を探すことになりました。

自身が以前から興味を持っていたIT業界を中心に探したのですが、都市部の転職活動とは大きく異なる状況に驚かされました。

都市部での転職活動は、大手の求人サイトや人材紹介会社を通じて行うのが一般的ですが、青森ではその方法がほとんど通用しませんでした。青森県で検索フィルターをかけても、対象となる企業がほとんどヒットしなかったのです。そのため、私は戦略を変えることにしました。Twitter（当時）の検索窓に「青森　IT」「青森　Web」などと入力し、表示されたアカウントを一つひとつフォローしていきました。そこから青森県のIT業界の規模感や現状、そしてムードを少しずつ把握していきました。また、SNS上で見つけたIT系のセミナーに参加することで、運営者や参加者との交流の機会も得られ、その中でAOITの存在を知ることになりました。

ちょうどその頃、東日本大震災後の緊急雇用創出事業を通じてAOITが人材を募集していることを知り、私は参画を決意しました。NPOの有給職員として働くことはあまり一般的ではないので、そのような環境に飛び込むことにも興味を持っていました。

問3：現在、青森県が抱えている課題と、AOITの事業によって改善・成長を目指せる領域はどのような部分でしょうか。

青森県は、平均寿命の短さ、人口の減少など、多くのジャンルで全国ランキングの下位にあるという課題を抱えています。また驚くべきことに、これに加えて青森県のインターネット利用率やスマートフォン利用率も全国最低クラスです。これらの状況を改善し、持ち直すことこそがAOーTの使命となっています。一般的にNPOの存在意義は、市場原理だけでは解決しきれない社会課題に取り組むことです。それに従って、私たちAOーTも、行政や地方自治体との協力のもと、これらの問題に対する取り組みを進めています。

AOーTがこれから特に力を注いでいきたい領域は主に二つあります。

一つ目は、県内企業のDX支援です。令和5年度から青森県の委託を受け、「青森県DX総合窓口」を開設しました。この窓口は、県内の企業や組織のDXや業務改善を支援するための組織となっています。

二つ目は、女性のリモートワーカー育成です。特に子育て中の女性はキャリアが断絶されやすく、地域に自身の能力を活かせる職場が無い場合や、非正規雇用に甘んじることが多いです。そこで、女性のリモートワーカーを育成・輩出し、都市部の仕事を在宅でこなせるようにすることで、女性の経済的自立を支援することが可能です。

2023年の日本のジェンダーギャップ指数は、世界146カ国中125位という大変厳しい状況にあり、青森県はその中でもさらに低い水準であると推測されます。私はこのような問題を、ITの観点から少しでも解消したいと考えています。

問4：ストラテジーテック・コンサルティング社（以下STC社）が、青森県弘前市で地方創生事業を始めたことに対して、どういった点で期待をしていますか。またどういった点で協働ができると思いますか。

STC社には、高度なビジネススキルを備えた専門家が多数在籍されています。一方で、青森県や弘前市が直面している地方課題は、複雑に絡み合った問題が山積しており、それぞれを解明していくことが不可欠となっています。

県内にも、具体的な領域の問題解決を得意とする人材は存在しますが、抽象的な視点で問題を整理して議論を深め、良質な仮説を立てながら、同時にITとDXの観点を組み込んで問題解決に取り組むことができる人材は比較的少ないです。このようなスキルセットを保有する集団こそがSTC社だと確信しており、青森県や弘前市に対して大きな価値を提供いただけると期待しています。

また、AOITが運営する「青森県DX総合窓口」では、DXコンサルティング案件の協力パートナーとして、すでにSTC社と連携を進めています。同社からは、県内企業の課題把握や業務改善提案など、高いレベルの支援を受けています。

問5：青森県の人口増や雇用創出を進めた先にあるビジョンをどのように描いていますか。読者や若者がワクワクするような未来図などがありましたら教えてください。

私が描く青森県の未来像は、地域全体がＩＴリテラシーを持ち、ＩＴと青森の地域資源が融合した豊かな地域です。具体的には、ＩＴ人材の育成や都市部からのＵターン・Ｉターンを促進し、地域のＩＴ人口を増加させ、地域全体の生活の質を向上させることが目標です。

このビジョンは、私自身が三児の父として、教育格差を是正し、地方に住んでいても都会並みの教育を受けられる環境をＩＴによって整備する意義を強く感じていることからも生まれています。

青森県は自然と文化の豊かな観光地としても知られています。外国人が「日本旅行で訪れてみたい都道府県ランキング」で6位にランクインするなど、その価値は既に国内外から認められています。これらの観光資源を更に活かし、地域の素材を巧みに編み上げ、DXを活用して発信していくことで、地域活性化に繋げることができます。

また、地域固有の交通課題への取り組みも重要な視点です。人口30万人規模の都市でありながら世界でも最も積雪量が多い青森市。ここで自動運転技術が実現すれば、地域の積雪による交通問題の解決だけでなく、積雪地域特有の課題に対する全世界への応用可能な解決策を提供することにつながります。さらに、AIの進化は地域の可能性を大いに広げています。ChatGPTのような生成AIをどのように青森県の地域課題解決に活用できるものか、頭の中で想像する機会が増えました。AI時代に求められるのは、AIの能力を最大限に引き出せる「思考力」と新しい技術に対する「好奇心」です。私たちはこれらをキーワードに、青森県でのITリテラシーの普及を進めたいと考えています。AIが単に労働力を置き換えるだけでなく、新たな価値を生み出すツールとして地域社会に深く浸透することを目指しています。

弘前市様

問1：弘前市が地方創生によって改善すべき課題には、どのようなものがありますか。

本市の人口は、死亡数が出生数を上回る自然減の傾向であることに加え、転出者数が転入者数を上回る社会減も重なり、人口減少が続いております。特に若年者の流出に歯止めがかかっておらず、大きな課題となっていることから、現在第2期弘前市まち・ひと・しごと創生総合戦略に基づき新たな取り組みにもチャレンジしながら、人口減少対策や地域活力の振興に取り組んでいるところです。

問2：一方で、地方創生事業によって、弘前市がもっと全国に向けてアピールできると考える点には、どういったものがありますか。

2023年3月に策定した弘前市総合計画 後期基本計画では、すべての市民が健康で長生きできるまち、そして雇用創出や所得向上などにより若者をはじめすべての人々がいきいきと住み続けられる「健康都市弘前」の実現を市政の基軸に据え、様々な取り組みを進めております。

その中でも、産学官民が連携した特色ある取り組みとして、弘前大学健康未来イノベーション研究機構（弘前大学ＣＯＩ－ＮＥＸＴ）の協力を得て、健診後、即座に結果を還元し行動変容や健康づくりを促す「ＱＯＬ健診」の普及展開を進めるとともに、ＣＯＩ－ＮＥＸＴ参画企業等の健康プログラムなども取り入れながら、市民の健康意識の向上や行動変容につながる事業をまちなかで展開し、商店街の賑わい創出等にもつながるよう取り組んでおります。

問３：ＳＴＣ社を誘致企業として認定した背景や、期待することを教えてください。

国内情報サービス関連企業においては、大都市圏における人材確保の困難さに加え、新型コロナウイルス感染症拡大に伴って働き方などを見直す気運が高まっているほか、自然災害等のリスクを分散するため、これまで以上に地方都市への進出に目を向けている状況を踏まえ、弘前市では、この業種に分類される企業誘致を進めてきております。

新たな企業の立地により、雇用の機会と就労人口が増加し、立地企業の経済活動と従業員の消費活動が活性化することで、地域への経済波及効果が期待できます。

問4：STC社が弘前市で事業を始めたことによって感じている変化などがあれば教えてください。

本市への企業誘致が進み、誘致企業及び地場企業の競争力が向上することで産業基盤が強化され、地域産業が活性化しています。また、地元雇用が創出されています。

問5：今後も地元企業とのパートナーシップを強化するために、弘前市が予定している特典や支援策などはありますか。

弘前市では、人口減少対策に積極的に取り組む企業を、「弘前市移住応援企業」、「弘前市子育て応援企業」、「ひろさき健やか企業」、「弘前市女性活躍推進企業」として認定しており、企業は、自社のPRやイメージアップにつながるほか、市の有料広告掲載料の割引などの優遇措置を受けられます。

また、福利厚生の充実などの人材定着推進に取り組む企業への助成制度を設けているほか、産学官金が連携した支援体制の構築や、企業が当市で拠点開設を検討する際のニーズに応じたイニシャルコスト・ランニングコストに対する補助制度などがあります。

問6：地元企業との地方創生の取り組みによって、弘前市がどのように改革されていくことを目指すのかなど、ビジョンがあれば教えてください。

様々なノウハウやアイデアを有する民間企業等から、人口減少対策や地域経済の活性化等に資する提案を募集し、「ひろさき地方創生パートナー企業」として協定を締結して、様々な連携事業の実施を進めているところです。

地元企業も含め、官民連携で同一の目的に向かって取り組み、市民の皆様により有益なサービスを提供するとともに、市民との協働、そして国や県との連携を通じて、将来にわたって持続可能なまちづくりを着実に進めてまいります。

青森県様

問1：青森県全体で地方創生によって改善すべき課題には、どのようなものがありますか。

本県は、進学や就職を契機とした若者の県外転出や未婚化・晩婚化・晩産化による少子化等により、人口減少が進んでおり、若者や女性の県内定着・還流に向けて、多様で魅力ある仕事づくりや、安心して子どもを産み育てることができる環境の整備等が課題となっています。

また、多くの産業で人手不足が顕在化しており、労働力の確保に向けて、働きやすい環境の整備や、各産業分野における生産性の向上等が必要であるほか、高齢化の進展に伴う保健・医療・福祉体制の充実や、平均寿命の延伸に向けた健康づくりなどの課題も抱えています。

こうした本県が抱える課題に立ち向かい、持続可能な青森県づくりを進めていくためにも、県民をはじめ、企業、団体、大学、市町村など、あらゆる主体と認識を共有し、連携・協力しながら、地方創生に向けた取り組みを加速、強化していく必要があります。

問2：一方で、地方創生によって、青森県がもっと全国に向けてアピールできる点には、どういったものがありますか。

本県は、豊富な農林水産物や多彩で魅力ある観光資源などの地域資源を活用した農林水産業や観光関連産業のほか、高い技術力を持つ製造業など、国内外に誇れる数多くの大きな強みを持っています。

こうした本県の強みを最大限に生かすためには、農林水産業の生産性向上や販路拡大をはじめ、国内外から更なる観光客を呼び込むための情報発信や観光コンテンツの創出、県内企業の新たなビジネス展開や生産技術の強化などに向けた取り組みを通じて、本県の魅力を一層高めていくことが重要です。

問3：STC社を誘致企業として認定した背景や、期待することを教えてください。

企業誘致は、県民、特に若い世代にとって魅力的な雇用を創出し、経済に大きな効果をもたらすことから、県では、豊富な地域資源や優れた人材力など、本県の強みを生かすことのできる分野をターゲットに、重点的かつ戦略的に取り組んでおり、多様な働き方に柔軟に対応できるIT関連産業など、成長が見込まれる分野への誘致活動を戦略的に強化しています。

そうした中、STC社・三浦代表取締役社長から出身地である弘前市に対して、雇用の創出や地元企業との共創などにより青森県に貢献するため、拠点を開設したいと相談がありました。県としても、IT産業の振興や雇用の拡大に寄与するものであり、地域の発展に貢献いただけるものと判断し、誘致企業として認定の上、弘前市と連携しSTC社の円滑な操業と事業運営に向けて支援していくこととしました。

新たな企業の立地や誘致企業の事業拡大は、本県の産業・雇用の活性化に大きな効果をもたらすとともに、県民の多様な働き方の実現にも大きく寄与するほか、県内企業の取引拡大や技術力向上にもつながるものと考えています。

STC社では、地元の人材を活用し、IT人材の育成やコミュニティースペースの運営など、地域のデジタル化に広く貢献する事業にも積極的に取り組まれており、本県におけるSTC社の事業展開に大いに期待しているところです。

また、IT関連企業は、テレワークやリモートワークが広く普及し、場所に制約されない働き方ができることから、IT関連のコンサルティング事業等を行うSTC社の本県立地は、IT関連業界を志望する新規学卒者や転職者、UIJターン希望者など幅広い方々にとって魅力ある仕事づくりに繋がり、本県の貴重な人材の県内定着に大きく貢献いただけるものと期待しています。

問4：STC社が青森県で事業を始めたことによって感じている変化などがあれば教えてください。

ＳＴＣ社は令和3年度に本県に立地して以来、ＩＴ業界を志望する地元人材の受け皿となり、地域の雇用拡大に寄与いただくとともに、県内企業のＤＸ化に関するコンサルティング業務を通じて本県産業のＤＸ推進に貢献いただいています。

問5：今後も地元企業とのパートナーシップを強化するために、青森県が予定している特典や支援策などはありますか。

県では、県内事業者のデジタル技術を活用した新ビジネス創出や事業者の経営革新を支援し、本県産業のＤＸを推進することを目的として、県内事業者の皆様のＤＸに関する相談にワンストップで対応する「青森県ＤＸ総合窓口」を開設しています。

青森県ＤＸ総合窓口では、県内事業者の相談内容に応じて、課題解決に向けたマッチングや、必要なリソースの提供等を行い、新製品・サービス開発、生産性の向上につなげることとしています。

また、企業間連携や取引推進に活用いただくため、「イノベーション・ネットワークあおもり（https://innovation-net-aomori.ina.pref.aomori.lg.jp/portal/）」に「あおもり元気企業製品・技術ＰＲレポート」や「青森県ＩＴ関連企業ガイド」を掲載し、企業情報を発信しています。

そのほか、県では、誘致企業が地域に定着し、事業を拡大できるよう、県内から一定以上の従業員を雇用して新規に立地するＩＴ・コンタクトセンター関連の誘致企業に対して３年間にわたり補助金を交付する制度を設けているほか、事業活動において重要な役割を担う人材の確保に向けて、地元紙等を活用した企業の求人情報の発信や、高校・大学等に対する求人活動への同行など、様々なフォローアップを行っているところです。

県としては、今後も、事業環境の変化に柔軟に対応しながら、誘致企業の事業活動を積極的に支援し、本県への定着と事業拡大につなげていきます。

問6：地元企業との地方創生の取り組みによって、青森県がどのように改革されていくことを目指すのかなど、ビジョンがあれば教えてください。

本県が今後も成長していくためには、未来を担う若者の力が大きな鍵となっており、若者が持つ可能性を最大限引き出し、新たなイノベーションを創出していくことが重要です。

このため、若者を惹きつける新たな可能性と希望に満ちた魅力溢れる青森県の実現を目指して、子どもたちが健やかに生まれ育つ環境づくりや、多様で魅力ある雇用の場を創出するほか、あらゆる産業においてＤＸを推進し、生産効率や付加価値を向上させるとともに、新たな産業やビジネスが芽生える環境を創出していくことなどが必要です。

また、デジタル化やグローバル化の進展に伴い、青森県にいながらにして世界とつながることができる時代となったことで、本県が持つ豊かな自然や受け継がれてきた伝統・文化など、多彩な地域資源をはじめとした本県の魅力を世界に届けることにより、多くの人が本県で暮らすことに誇りを持つとともに、本県の可能性を更に広げていくチャンスとなっています。

本県が抱える課題の解決は平坦な道のりではありませんが、地元企業等の多様な主体と連携し、若者が青森県に「住み続けたい」「ここで暮らしたい」と思えるように、果敢にチャレンジしていきます。

秋田県様

問1：秋田県が地方創生によって改善すべき課題には、どのようなものがあると考えていますか。

本県の最重要課題は人口減少問題の克服であり、とりわけ若者の県内定着・回帰が喫緊の課題です。進学など県外に出ていく理由は様々ありますが、大きな課題の一つに魅力的な職場がないということがあります。県が実施した県民へのアンケート調査では、職場に関して「やりたい仕事がない」、「賃金水準が低い」というのが若者の評価でした。

一方で、本県には豊かな水や森林、広大な農地、四季の変化に富んだ自然環境、そして風力や地熱等の再生可能エネルギー源など、暮らしに必要な地域資源が豊富にあることから、県内外の方にとって大変魅力的な地域であると自負しています。

このような中、新型コロナウイルス感染症の感染拡大、ウクライナ侵攻による世界経済への影響、産業構造の変化に伴う貧富の格差拡大といった激動の時代に呼応するように、IoTやAI等のデジタル技術による産業革命、価値観や日常の生活が劇的に変化するパラダイムシフトが起きています。本来、地方創生とは、こうした時代の大きなうねりを捉えて自らの強みを生かしながら社会システムや産業構造等を変革することで、新たな価値を生み出すということでなければならないと考えています。

本県の現状と照らし合わせると、人口減少問題に対処するため、自らの特性を生かしながら時代に合わせて変化することで、概ね10年後の姿として〝高質な田舎〟を目指し、将来世代である若者、子供たちに支持される地域になることが課題になると考えています。

問2：一方で、地方創生事業によって、秋田県がもっと全国に向けてアピールできる点には、どういったものがありますか。

世界は、エネルギー供給源と食料資源の不安定化、地球温暖化防止への道筋の確立など、人類の持続的発展のための大きな課題に直面しています。

こうした中、本県は豊かな水や地熱資源に加え、風力発電に適した地理的優位性など、多様な再生可能エネルギー源を有しており、本県沖においては全国に先駆けて洋上風力発電の事業化が進んでいるほか、二酸化炭素を吸収する森林資源が豊富に存在しています。

また、本県は広大な農地に恵まれ、食料自給率は全国2位、主食用米の収穫量は全国3位、近年の農業産出額の伸び率は全国トップクラスを誇り、食料安全保障の観点から本県のプレゼンスは増してきています。

もう一つ、こうしたエネルギーや食料に強みを有する本県ですが、持続可能な地域としてベースを支えていくのは何といっても人材です。本県の教育環境の良さは全国的に知られており、小中学生の「全国学力・学習状況調査」において、15回連続でほぼ全ての教科で良好な成績を維持しているほか、昨今では児童生徒に一人一台端末が整備されるなど、ＩＣＴ教育の充実に力を入れています。

これらの優位点を生かしながら、デジタル技術を活用し、「行政・産業・暮らし」の各分野において、県民の利便性を追及しつつ、持続可能な地域社会を創り上げていきます。

問3：ＳＴＣ社に誘致企業として期待することを教えてください。

令和4年8月18日に、ＳＴＣ社を本県の誘致企業として認定させていただきました。

ＳＴＣ社は、ＤＸ化する際のツールをＳａａＳ（Software as a

Service：インターネット経由でソフトウェアを利用するサービスのこと）で提供しながら、経営戦略やＤＸ推進のコンサルティングも行っており、高いデジタル技術をベースとして、民間企業あるいは行政や地域社会等のＤＸにつながる戦略的な仕掛けを提案している企業です。
本県でも、ＤＸを取り入れている先進的な企業として、県内企業のデジタル化やＤＸ推進の後押しになるような取り組み事例等を発信してもらいたいと考えています。

問４：今後、秋田県内にＵターンし起業を目指す方への支援策として、どのような施策がありますか？

県外から本県に移住するＵ・Ｉ・Ｊターン人材による起業を推進することのみならず、県内で幅広く起業の動きを支援していきたいと考えています。
「新秋田元気創造プラン」では、本県の最重要課題である人口減少問題の克服に向け、賃金水準の向上に取り組むこととしています。

具体的には、労働生産性と県内就業率の向上に重点的に取り組むこととしており、「起業の促進」は県内就業率の向上につなげる取り組みです。

これまでも起業支援に取り組んできており、地域経済の維持や新陳代謝には一定の効果があったものの、開業率は全国で低位が続いており、雇用を伴う起業も少ない状況です。

そこで、令和5年度から実施する「秋田スタートアップエコシステム推進事業」により、若者や女性をはじめとした県内での起業を促進し、働く場の多様化、賃金水準の向上を図ることで、人口の社会減を緩和していきたいと考えています。

同事業では、短期間で急成長を目指すスタートアップを継続的に輩出できる環境を整え新規起業を促進するとともに、成長に伴い雇用が拡大していくことで県内就業率を改善していきたいと考えています。

また、スタートアップによるデジタル技術等を活用したプロダクトが普及することで、賃金水準向上に向け、企業等の労働生産性の向上にも寄与すると考えています。

具体的な取り組みとしては、商工団体や行政等でスタートアップ関連の地域プラットフォームを形成し起業への機運醸成を図るほか、ホームページを整備し各種の情報共有や支援メニューを新たに用意することとしています。

加えて、先輩のスタートアップ企業を誘致し、教師、メンターとして県内での起業の芽を発掘・育成していくことで、若者や女性がチャレンジしやすい土壌を作りたいと考えています。

問5：地元企業との地方創生の取り組みによって、秋田県、ひいては東北全体がどのように改革されていくことをイメージしているのか、地元の

方がワクワクできるような具体的なビジョンがあれば教えてください。

「新秋田元気創造プラン」では、〝高質な田舎〟を目指すこととしています。この〝高質な田舎〟とは、「『秋田の原点』である豊かな自然や受け継がれてきた多様な文化に抱かれつつ、これを守り、ここに住む誰もが一人ひとり自らの素養を磨き、豊かな心を持ってお互いを慈しみ合いながら、新たな産業や文化の創造にチャレンジし、生き生きとゆとりを持って暮らしている姿」と定義しています。

国際情勢の変化や突発的な災禍の発生、第4次産業革命の進展など、社会経済情勢が大きく変化する激動の時代にあって、豊かな暮らしを実現するために重要な要素となる①食料、②エネルギー、③安全安心といった本県の強みや優位性を生かしていくことが重要と考えています。

前述したように、食料については、本県は広大な農地に恵まれ、質の高い農畜水産物を生産しており、食料自給率は全国2位、主食用米の収穫量は全国3位、近年の農業産出額の伸び率は全国トップクラスを誇っています。

エネルギーについては、風力発電、地熱発電の導入量は全国2位であるほか、水力発電、バイオマス発電など、豊富な電源を有しています。また、カーボンニュートラルの観点からは、二酸化炭素を吸収する森林資源が豊富に存在しています。

安全安心については、民間会社の調査によると、犯罪発生率が少ない県、防災に強い県として、本県が「安全安心なまち」で全国1位の評価を得ています。

こうした豊かな生活基盤を維持しつつ、人への投資や地域の仕組みを時代にマッチさせていくことで、若者や女性が躍動し、本県から産業構造の変革をリードするような企業や仕組み・サービスが生まれるとともに、魅力的な地域が作られていくものと考えています。

秋田市様

問1：秋田市が地方創生によって改善すべき課題には、どのようなものがありますか。

2019年に実施した「しあわせづくり市民意識調査（15歳以上の市民から無作為抽出した3000人）」では、本市に住み続けるために必要なこととして「雇用の場の確保」の回答が61・6％と最も多く、次に「若者にとって魅力のあるまちづくり」が続いています。

本市としては、若い世代の活躍が期待されるICT関連産業の企業誘致に取り組むなどにより、社会動態は移住者の増加など改善の兆しが見え始めていますが、進学や就職による若い世代の転出超過が続いています。

問2：一方で、地方創生事業によって、秋田市がもっと全国に向けてアピー

ルできる点には、どういったものがありますか。

本県の子どもの学力は全国トップクラスであり、本市には多くの高等教育機関があるため、優秀な人材が豊富であると捉えています。

こうした人材の受け皿として、本市ではICT関連の企業集積が進んでおり、雇用の拡大による地元定着とふるさと回帰が大いに期待できます。また、リモートワークなど新たな働き方の普及により、女性活躍の職場環境が充実していくと捉えています。

また、宝島社が発行する移住専門誌『田舎暮らしの本』(2023年2月号)では、2023年版の「住みたい田舎」ベストランキングの人口20万人以上のまちとして、秋田市は総合部門1位となっており、若者世代からシニア世代までにわたって高い評価を受けています。

地方都市の利便性と身近にある自然環境の両方が調和した心豊かな暮らしができる本市の魅力を広く周知し、さらなる移住定住の促進に向けて注力していきます。

2022年12月から2023年1月にかけて、能代・秋田の両港において国内初となる洋上風力発電の商業運転が開始されたほか、県内では4海域の沖合で洋上風力発電の建設計画が進んでおり、発電量は原子力発電2基分に相当する約200万kWの出力となる見込です。

また、洋上風力発電では、建設工事や部品・治具製造、メンテナンス業務等で、県外企業の本市進出や地元企業の事業参入が見込まれるほか、関係者の宿泊滞在などにより、経済波及効果は20年間で約3800億円、雇用量は約3万7000人になると試算されています。

本市としては、工場建設等の設備投資や新規雇用等への助成金制度、メンテナンス人材の育成支援などを通じ、関連産業の企業誘致や地元企業の参入促進を図っていきます。

加えて、風力発電などのクリーンエネルギーを活用した水素・アンモニア等の次世代エネルギーを製造するための研究施設のほか、再生可能エネルギーで稼働するデータセンターの誘致に取り組んでいきます。

問3：STC社を誘致企業として認定した背景や、期待することを教えてください。

誘致交渉の中で、三浦社長から出身地の弘前や東北での事業展開を進めていく意向を伺い、本県の雇用創出や地域経済の発展に大きな期待が持てる企業であると判断し、県・市連携して積極的にアプローチを行ったところ、2022年8月、県・市と誘致企業立地協定の締結に至りました。

また県内企業のDXに関する取り組みが進んでいない現状において、「対応できる人材がいない」「必要なスキルやノウハウがない」といった課題があることから、地域DXの普及やデジタル人材の育成などが期待できると考えております。

問4：STC社が秋田市で事業を始めたことによって感じている変化などがあれば教えてください。

スタートアップ企業として急成長を遂げられているSTC社の本市進出によって、首都圏IT企業からの問合せも増えていると担当職員から話を聞いています。

貴社では、高度なITコンサル人材の採用を進められており、優秀な人材の定着やAターン移住が進み、都市としての魅力向上につながっていくことを期待しております。

問5：今後も地元企業とのパートナーシップを強化するために、行政が予定している特典や支援策はありますか。

秋田市商工業振興条例に基づく優遇措置により、立地後の事業拡大に伴う用地取得や家賃補助、新規雇用等に対して助成しているほか、地域未来投資法に基づく税制優遇などの支援事業を展開しています。

そのほか、県の産業技術センターや企業活性化センターなどの公設試験研究機関との共同研究や産学官連携が行えるよう、積極的なマッチングの支援に努めています。

問6：民間企業との地方創生の取り組みによって、秋田市がどのように改革されていくことを目指すのかなど、読者や地元の方がワクワクできるような具体的なビジョンがあれば教えてください。

秋田市でも人口減少と少子高齢化が進行しており、医療・介護等に係る社会保障費の増加や労働力の不足、消費の縮小など、本市の経済や経済活動をはじめとした様々な分野に大きな影響が生じることが見込まれていることから、本市外旭川地区において、民間事業者のノウハウ等を活用した官民連携によるモデル地区の整備を目指しています。

このモデル地区は、約51ｈａに市が行う卸売市場再整備や官民連携で行う新スタジアム整備、想定建設費約830億円（2023年1月時点）の民間施設整備を一体的に進めるもので、ＡＩやＩＣＴなどの技術を活用した先端的サービスの導入により、本市が抱える課題の解決に取り組もうとするものです。

また、豊かな自然や旬の食べ物をはじめとした四季を感じる日々の営みを市民や秋田市を訪れる人が実感できるよう、交流人口の拡大につながるにぎわい創出の取り組みと、そのために必要な施設と機能を整備することで、若者が将来に希望を持ち「これからをこのまちで暮らしていきたい」と感じられるような新しい活力や魅力を創出していきます。

モデル地区で行う取り組みとして、例えば農業分野では、ＩＣＴを活用した栽培管理システムの導入、生育状況などのデータの集積とオープンデータ化を実践します。また、環境分野では、AIやICTを活用し電力使用状況を管理・分析して最適制御を行うシステムを導入し、エリア内の消費電力をリアルタイムで可視化するとともに、エネルギー利用の最適化によるエネルギーコストおよびCO_2の削減を目指します。

こうした実証的な取り組みの成果を全市に波及させることにより、農業の生産性向上や大規模停電に対する災害対応力の強化などにつなげていきたいと考えています。

おわりに

僕が取り組んでいる地方創生の現在地や事業の内容、事業を始めることになった経緯などを、ご協力いただいている自治体や関係者のみなさまへのインタビュー、社員の経験談を交えながらご説明させていただきました。

「地方創生に取り組んでいる」と言っても、まだまだスタートラインに立ったばかりです。取り組みを続けることで、何十年何百年と続くような、地方が活性化し続ける仕組みを作ったり、地方を支える人材の育成や輩出を行ったりする必要があると考えています。今までも変化が早い世の中ではありましたが、コロナ禍を経てさらに変化が早く激しい世の中になりました。ChatGPTをはじめとするＡＩ技術の発展や、暗号資産・ＮＦＴ（非代替性トークン）・ＤＡＯ（分散型自律組織）といったブロックチェーンを基にした新たな技術や概念が続々と生まれています。そんな変化し続ける世の中においてこそ、コンサルタントの持つ知見や経験則が企業にとって必要であり続けると確信しています。それは大企業であっても地方の企業であっても同様です。

「廃れ行く地元を何とかしたい」「地元に雇用を増やしたい」「若者が県外に出ていかざる得ない現状を変えたい」と思い2021年10月頃から始めた地方創生事業は、少しずつではありますが着実に前進し成果も出し始めています。「デジタルイノベーションセンター弘前」のオープンや「青森県DX総合窓口」業務の受託、「弘前Navi」の運営など、地元青森に根ざした活動ができていることを大変嬉しく思います。

最後に、この本を執筆するにあたって数多くの知恵をいただいた出版社の皆様、第6章でインタビューを受けてくださったリンゴミュージックの樋川さん、AOITの本田さん、青森県庁・弘前市役所・秋田県庁・秋田市役所の知事・市長をはじめとする職員のみなさま、各章末のコラムを執筆してくれたストラテジーテック・コンサルティングの弘前事業所の仲間たち。みなさんに支えてもらっているおかげで地方創生事業が成り立っています。

今後も多くの方々の力をお借りすることになると思いますが、時に助け合い、時に切磋琢磨し、力を合わせれば「地方創生」という目標を実現できると信じています。

本書をきっかけに地方創生や青森県・秋田県に興味を持たれた方は、ぜひ一度現地にお越しください。さらに仙台でも新たに事業所の開設準備を進めていますので、近くを訪れた際はぜひお立ち寄りください。また、企業においてこれから地方創生事業を始めたいと考えている方、始めたもののどう進めたら良いか分からないという方がいらっしゃいましたらぜひお気軽にお問い合わせください。僕の経験がお役に立つかもしれません。

これから出会う全ての仲間たちへ

株式会社ストラテジーテック・コンサルティング
代表取締役社長　三浦　大地

[著者略歴]
三浦大地（みうら・だいち）
株式会社ストラテジーテック・コンサルティング代表取締役社長。
1978年3月14日青森県八戸市生まれ、弘前市育ち。高校卒業後に上京し、現在時価総額4000億円となったコンサルティングファームの立ち上げより参加。会社が1部上場後に一度引退するが、目まぐるしいテクノロジーの発展によるイノベーションの加速を見ているだけでは耐えられなくなり、デジタル社会の発展の一翼を担うべく株式会社ストラテジーテック・コンサルティングを創業する。

地方創生《ちほうそうせい》

2023年11月1日　初版発行

著　者　三浦大地

発行者　小早川幸一郎

発　行　株式会社クロスメディア・パブリッシング
〒151-0051 東京都渋谷区千駄ヶ谷4-20-3 東栄神宮外苑ビル
https://www.cm-publishing.co.jp
◎本の内容に関するお問い合わせ先：TEL(03)5413-3140／FAX(03)5413-3141

発　売　株式会社インプレス
〒101-0051 東京都千代田区神田神保町一丁目105番地
◎乱丁本・落丁本などのお問い合わせ先：FAX(03)6837-5023
service@impress.co.jp
※古書店で購入されたものについてはお取り替えできません

印刷・製本　株式会社シナノ

　ISBN978-4-295-40906-9　C2033